Rêver,
oser,
se dépasser

Justine Hutteau

Rêver, oser, se dépasser

MARABOUT

Sommaire

Clé n° 6

SOIS À L'ÉCOUTE DE TON CORPS

Clé n° 7

ENTOURE-TOI DES BONNES PERSONNES

Clé n° 8

PRENDS SOIN DE TOI

Clé n° 9

TROUVE TON HARMONIE

Clé n° 10

SOURIS À LA VIE POUR QUE LA VIE TE SOURIE

À tous les rêveurs de ce monde,
à tous ceux qui m'ont toujours soutenue,
et à ma mère, cette battante.

Introduction

« Fais de ta vie un rêve et d'un rêve une réalité. »

Cette phrase de Saint-Exupéry m'a toujours beaucoup inspirée, lorsque j'avais la tête pleine de **rêves**, d'envies, d'ambitions, et que je bouillonnais d'une énergie dont je ne savais pas vraiment que faire. Je me permettais de rêver très haut, très loin, mais je ne disposais pas du mode d'emploi pour concrétiser !

Puis, il y a quelques années, j'ai tout simplement **osé**. J'ai osé me lancer et cela a changé ma vie. J'ai osé quitter ma bulle de confort parisienne pour étudier au Canada ; j'ai osé courir mes premiers marathons et ultra-trails quelques mois à peine après avoir débuté la course à pied ; j'ai osé renoncer à une carrière toute tracée pour créer ma marque de soins et d'hygiène naturels, Respire ; j'ai osé m'exprimer et développer mes capacités pour aller toujours plus loin.

Bien sûr, comme l'écrasante majorité des personnes, j'ai traversé de nombreuses périodes de doute ; se lancer dans l'inconnu demande du courage, de l'énergie et une certaine confiance en soi ou en l'autre. On n'est jamais assez préparé, on manque toujours de ressources, de connaissances, de moyens, on se pose beaucoup de questions, on cherche des réponses réconfortantes, on a le sentiment de ne pas être à la hauteur ou simplement de ne pas être la bonne personne pour faire telle ou telle chose...

Mais le secret réside peut-être dans **la force du corps et la puissance du mental** : ils constituent des ressources extraordinaires sur lesquelles on peut compter, ils sont nécessaires pour se lancer et surtout **se dépasser**, pour peu que l'on sache comment ils fonctionnent et comment en prendre soin ! C'est cette capacité à mobiliser leur corps et leur mental que j'ai toujours admirée chez celles et ceux qui, un jour, ont osé suivre leur passion, leur envie ou leur simple intuition, souvent en partant de zéro, et qui sont allés au-delà de leurs limites ou de leurs croyances pour atteindre leurs rêves. C'est aussi ce que j'ai appris à faire à travers mes expériences professionnelles et personnelles.

On m'interroge souvent sur ma vision de la réussite, du succès entrepreneurial, des performances sportives ou tout simplement de l'épanouissement. J'ai envie aujourd'hui de partager avec vous les dix clés que j'ai forgées à partir de toutes ces expériences, avec l'espoir qu'elles vous aideront à prendre confiance en vous et à vous motiver. Que vous soyez sportif, entrepreneur, boulanger, musicien, kiné, jardinier, comédien ou coach, que vous rêviez de vous lancer dans une nouvelle activité, de quitter votre job ou de relever un défi personnel, il y a toujours un moment où il faut oser se lancer !

Ces dix lignes de conduite fonctionnent pour moi, mais elles ne sont peut-être pas adaptées pour tous. J'espère qu'elles pourront au moins vous inspirer et vous donner envie de créer les vôtres... J'ai également recueilli le témoignage de près de cinquante personnalités, aux parcours de vie différents, afin de vous transmettre un peu de leur énergie et de leur force qui m'ont été indispensables pour me lancer.

Lisez ce livre à votre manière, d'une traite ou en le picorant, en commençant par la fin, par le milieu, peu importe... Mon espoir est qu'il vous aidera à prendre confiance en vos capacités et à vous mettre le pied à l'étrier pour **rêver**, **oser** et **vous dépasser** !

Nos seules limites sont celles que l'on s'impose.

Justine

Clé n° 1

PRENDS CONSCIENCE DE LA MAGIE DE TON CORPS

Notre corps, une formidable machine

Le corps humain est fascinant. Il combine des fonctionnalités toutes plus extraordinaires les unes que les autres. Il offre tant de possibilités ! Il permet de faire tellement de choses ! Bien sûr, au quotidien, on ne s'en rend pas forcément compte, car son fonctionnement nous semble parfaitement « normal ». On y est habitué. Pourtant, à mon sens, le corps est la source première de notre épanouissement.

> **NOTRE CORPS CRÉE DES ÉMOTIONS positives OU NÉGATIVES qui nous font nous SENTIR EN VIE**

Je crois profondément en la faculté du corps à rendre heureux. C'est lui qui nous porte, qui nous guide, qui nous permet d'oser et de vivre des expériences incroyables. On est tous doté d'un corps, mais a-t-on vraiment conscience de son potentiel ?

C'est d'ailleurs il y a quelques années, quand je me suis lancée dans la course à pied et que j'ai franchi mes premières lignes d'arrivée, que j'ai pris conscience à quel point mon corps est magique. Au départ, j'ai commencé cette discipline parce que je souhaitais me remettre au sport et je m'inspirais de ma mère, mon père et ma sœur qui couraient beaucoup.

Je me suis lancée dans mes premiers 2 ou 3 kilomètres. Puis, assez rapidement, je suis passée à 5, puis à 10 kilomètres. Et en progressant ainsi, je me suis rendu compte que toutes les parties de mon corps contribuaient à me propulser.

La propulsion, c'est le mouvement fondamental de la course à pied. Lorsque l'on est à l'aise, courir, c'est un peu comme si l'on volait. Nos pieds nous portent. À chaque foulée, chacun d'eux se déroule du talon jusqu'au bout des orteils, et les moindres os, les moindres muscles qui composent nos membres inférieurs nous permettent de nous appuyer sur le sol pour nous réceptionner, reprendre de l'élan... et finalement avancer de manière régulière et harmonieuse.

Après mes premières courses, j'ai par ailleurs ressenti d'énormes courbatures dans les cuisses, et j'ai vu à quel point ces muscles-là étaient importants pour me permettre de tenir sur une distance relativement longue. Ces muscles-là, mais aussi quantité d'autres parties de mon corps. Tout ce qui contribue à la respiration par exemple. Quand j'ai commencé la course à pied, je ne savais pas comment respirer : par la bouche ? par le nez ? Fallait-il, après chaque inspiration, faire une expiration longue, ou plusieurs expirations courtes ? Et sur quel rythme : lent ou rapide ? J'étais en recherche pour être plus efficace. Je ne sais finalement toujours pas quelle est LA bonne méthode, mais j'ai trouvé la mienne : par la bouche et sur un rythme long et lent. J'ai trouvé la fréquence qui me permet de ne pas avoir de points de côté, de me sentir bien et oxygénée pendant toute la distance de course. Cela me permet aussi de parler pendant que je cours. Car quand on est capable de parler en courant, c'est que l'on est à son rythme de croisière, celui dans lequel on se sent bien et qui permet de courir plus longtemps (et de papoter avec les copines ou la famille, c'est super important pour moi !). Tout cela j'en ai pris conscience au fur et à mesure...

Un peu plus tard, c'est en courant mon premier marathon que j'ai compris à quel point mon corps est capable d'aller loin, de m'emmener loin, si ma tête le décide. Car dans une activité physique, on travaille son corps mais aussi son mental. Je vous en reparlerai plus loin. Mais c'est aussi et surtout la relation entre mon corps, mon mental et mes émotions qui est incroyable. Quand mon corps et mon mental me portent jusqu'au bout des 42,2 kilomètres d'un marathon, c'est pour me faire vivre des émotions exceptionnelles, indescriptibles, qui me donnent toujours envie de recommencer... En fonction des activités que nous pratiquons, des moments que nous vivons, des personnes que nous rencontrons, notre corps crée des émotions positives ou négatives qui nous font nous sentir en vie.

Si ma prise de conscience de ces extraordinaires facultés corporelles est passée par le sport, ces dernières s'exercent bien entendu dans tous les domaines de notre vie. Notre corps nous permet de cuisiner, de faire de la musique, de nous exprimer, d'entreprendre, de réfléchir, de travailler, de nous reproduire... et bien d'autres choses encore !

Quand nous cuisinons et que nous goûtons un plat, nous nous servons de notre bouche, qui est dotée d'une multitude de capteurs capables d'analyser les goûts, les odeurs. Le moindre millimètre de notre langue est hypersensoriel, et nous permet de découvrir les caractéristiques d'un aliment. Il y a même des goûts un peu subtils qui peuvent nous procurer des émotions incroyables. Et étant une amoureuse de gastronomie, j'ai toujours trouvé que les saveurs procurent des émotions géniales en nous ; parfois, elles nous font penser à un pays, à une anecdote, à un moment de notre vie...

Souvenir de randonnée autour du mont Blanc.

Les nombreux métiers qui exploitent les extraordinaires capacités du corps m'émerveillent aussi. La voix du chanteur liée aux cordes vocales qui résonnent dans sa poitrine et sa gorge a pour moi quelque chose de magique. Les doigts du guitariste ou du pianiste qui courent sur son instrument, le souffle du trompettiste qui module chaque note...

Lorsque j'étais petite et que j'allais en vacances chez mes grands-parents, l'été, dans le sud de la France, nous allions le soir nous promener sur le port, et je ne me lassais jamais d'observer les potiers travailler. Leurs mains, capables de transformer, sur leur tour, une masse de terre informe en un vase ou un bol, ce pouvoir que leur savoir-faire leur donnait sur la matière : c'était incroyable ! Encore aujourd'hui, j'adore observer quelqu'un qui cuisine, ou un boulanger qui pétrit son pain. Les gestes sans cesse répétés semblent simples, mais non. Le corps est une formidable machine capable de tant de choses !

Dans la folle aventure entrepreneuriale qui est la mienne aux côtés de Thomas, mon associé, dans ce métier très intense que j'ai choisi, je remercie chaque jour mon corps pour sa capacité incroyable à encaisser les difficultés, à gérer une charge mentale forte et un emploi du temps très demandeur en énergie. Mon corps, c'est ma machine de guerre, qui me permet de me lever chaque matin à 100 % de ma forme et d'enchaîner toutes les activités qui composent ma journée. Et c'est aussi ce même corps qui me rend heureuse et fière de me lever chaque matin pour accomplir de nouvelles choses.

Je vais vous faire une confidence : mon rêve de gamine, après avoir voulu être pianiste, c'était d'être kiné ou ostéopathe, parce que j'ai toujours trouvé incroyable à quel point les mains d'un soignant étaient capables de sentir et de guérir. Encore aujourd'hui, je m'émerveille lorsqu'un ostéopathe spécialisé dans la pratique crânienne est capable, simplement en posant ses mains sur l'arrière de ma tête, de ressentir des choses qui se passent dans tout mon corps et de lui proposer des solutions. Avec le recul, je m'aperçois aujourd'hui que, finalement, j'ai toujours voulu exercer une activité qui soit en lien direct avec le corps humain. Respire est en quelque sorte la concrétisation de cette passion.

Le corps, c'est la vie.

MARYNE,
SAPEUR-POMPIER,
L'ÉNERGIE ET LE DÉVOUEMENT

Je suis fascinée par les métiers qui utilisent les pouvoirs extraordinaires du corps (et ils sont nombreux !), comme celui de Maryne, pompier et membre de la communauté Respire, une jeune femme pleine d'énergie qui se dévoue pour porter secours aux autres.

« J'ai toujours été pleine d'énergie, de peps, et je ressens depuis mon enfance un grand besoin de bouger, de me dépenser. À 6 ans, j'ai rencontré des pompiers en entraînement et je me suis prise de passion pour ce métier. Le hasard et les rencontres faisant bien les choses, j'ai eu l'occasion d'entrer dans la section des jeunes sapeurs-pompiers d'Annecy à 12 ans. C'était mon activité passion : elle me rendait heureuse ! L'entraînement physique mêlait le running, la musculation adaptée à notre âge, les cours théoriques et quelques manœuvres incendie. J'adorais ça, et je m'éclatais aux compétitions lorsque j'atteignais les objectifs de l'équipe !

Ces années parmi les jeunes sapeurs-pompiers ont définitivement renforcé ma passion pour cette profession, mon amour du sport, ainsi que ma philosophie de vie, qui est de vivre tous les jours ce qui me rend heureuse.

Sur cette lancée, j'ai eu le bonheur, en 2014, de devenir pompier professionnel, un métier qui présente deux facettes complémentaires, physique et psychologique. Je suis confrontée au quotidien à tous types de situations, principalement des gestes de premiers secours, mais aussi du secours routier, de l'incendie, de la protection des biens et de l'environnement. Le point commun de ces activités, c'est que l'on doit utiliser au mieux notre force physique. Il faut être préparé à toutes les situations pour effectuer les gestes les plus précis et les plus justes possible, tout en gardant son calme quel que soit le degré d'urgence.

Mon corps dans tout ça ? Il est super important, c'est ma force. J'en prends soin le plus possible. Je m'entraîne avec sérieux et constance, en combinant toujours force et endurance, sans oublier le repos, qui est évidemment essentiel. Je me nourris avec des aliments sains et je me chouchoute avec des produits respectueux de la peau.

Je suis toujours émerveillée par ce que peut faire le corps, et surtout par ce que l'esprit peut lui faire faire. Quand on doit sauver quelqu'un ou quand on est dans une situation extrême de survie, le mental et l'adrénaline lui permettent de développer une puissance et des capacités insoupçonnées. C'est aussi ça, le côté magique de mon métier passion. »

Les tips de l'expert Major Mouvement

Comment entretenir au mieux la formidable machine qu'est notre corps ?

✦ Pour vous faire du bien et conserver un corps alerte, faites confiance aux exercices simples et répétez-les. C'est la répétition de petits efforts qui permet de construire de grandes choses.

✦ Dormez, méditez, faites l'amour régulièrement, du sport, dites à haute voix ce que vous pensez et marrez-vous tous les jours.

✦ Essayez d'aborder l'existence avec une double lecture : vivez l'instant présent à fond, tout en ayant une vision d'ensemble, un point de vue très large et à long terme sur vos objectifs.

Notre corps
nous facilite la vie

Notre corps nous permet de nous livrer au quotidien à toutes les activités qui constituent notre pratique professionnelle ou nos loisirs, mais il est aussi doté de fonctions automatiques, de modes d'autorégulation qui nous permettent de vivre en bonne santé, de nous protéger, de nous réaliser, de développer tous nos potentiels. Il a aussi le pouvoir de nous aiguiller vers ce que l'on aime et qui nous rend heureux. Il faut savoir l'écouter.

Jour et nuit, notre corps accomplit des miracles en permanence et de manière totalement automatique, sans que nous donnions d'ordre conscient. Dans un corps qui fonctionne normalement, nos poumons se gonflent et se vident plusieurs fois par minute, notre cœur se contracte de manière régulière pour apporter du sang frais à tous nos organes, nos muscles sont alimentés en sucre pour pouvoir fonctionner, notre système digestif assimile nos repas, nos déchets sont éliminés… Toutes ces fonctions automatiques s'accomplissent sans même que nous ayons à y penser, ce qui nous permet de nous concentrer sur tout le reste : nos activités, nos réflexions, nos passions.

Au-delà de ces fonctions vitales, notre corps est aussi une formidable machine en ce qui concerne les transmissions nerveuses. Sous l'impulsion de notre cerveau, qui nous permet de décider d'une action, d'un mouvement, des ordres sont instantanément transmis aux organes permettant de les exécuter. Je veux me mettre à courir ? Je cours. Je veux taper une phrase sur mon ordinateur ? Mes doigts obéissent aussitôt. Je veux dire bonjour à un ami croisé dans la rue ? Ma bouche forme les mots adéquats.

Dans le sens inverse, notre corps est capable de recevoir du monde extérieur un nombre incroyable d'informations. Il les collecte par nos cinq

NOTRE CORPS nous guide NATURELLEMENT VERS LES CHOSES que l'on AIME

sens, puis les transmet, via notre système nerveux, à notre cerveau, qui les traite et les analyse en moins de temps qu'il n'en faut pour y penser. L'odeur du gâteau qui cuit dans le four, la sonnerie du téléphone qui résonne, la sensation de l'eau tiède sous la douche : autant de choses qui se passent naturellement dans notre corps et nous facilitent la vie.

Et ce corps incroyable a aussi le pouvoir de nous protéger ! Les sensations de douleur ou de peur ne sont en effet rien d'autre que des systèmes d'alarme destinés à nous permettre d'agir pour nous préserver d'un danger. Le stress lui-même n'est-il pas un processus qui, en activant certaines hormones, nous alerte de situations de crise ou de péril extrême ?

Lorsque je me trouve devant un nourrisson, je suis toujours émerveillée par ses toutes petites mains déjà capables de faire tant de choses ! Et au fil des jours, observer un bébé qui découvre le toucher, la vue, le goût et toutes les sensations est une expérience incroyable. Très rapidement, les connaissances acquises viennent s'accumuler et s'enrichir les unes les autres, sans que l'enfant ait besoin de faire un effort conscient pour progresser, grandir... Tout ce qu'un enfant peut faire, apprendre et intégrer me semble véritablement miraculeux.

Je suis également frappée par le fait que notre corps nous guide naturellement vers des choses que l'on aime, qui nous attirent, pour lesquelles nous avons des prédispositions. Cela me rappelle un souvenir très personnel... Quand j'étais âgée de quelques mois, ma grand-mère nous avait emmenées, ma mère et moi, dans un salon de thé. Je n'arrêtais pas de pleurer et ma maman ne savait plus que faire pour me consoler. Une femme est arrivée et s'est mise au piano. Dès que le début du morceau a retenti, j'ai aussitôt arrêté de pleurer, j'avais les yeux écarquillés et j'écoutais avec émerveillement. Et au fil des semaines et des mois, j'ai continué à être naturellement apaisée par des sons mélodieux. Sans même que je le décide, c'est comme si mon corps m'avait montré ce vers quoi je devais me diriger, ce qui me passionnerait et me procurerait du plaisir dans la vie.

Un peu plus tard, lorsque j'avais 4 ans, je suis allée voir un spectacle de danse de ma sœur. Il s'agissait du ballet *Casse-Noisette*, de Tchaï-kovski. Je n'avais jamais entendu les musiques de cette œuvre auparavant ; pourtant, le soir, je chantais à tue-tête les mélodies. Mes parents ont été bluffés de voir que, si jeune, j'étais capable de retenir des airs que je n'avais écoutés qu'une fois, et m'ont donc inscrite au conservatoire.

Du plus loin que je me souvienne, j'ai toujours aimé la musique, et particulièrement le piano. J'ai commencé l'apprentissage de cet instrument à l'âge de 5 ans. J'ai alors découvert que la musique était comme une nouvelle langue : il fallait apprendre à lire une partition, compter les notes, comprendre que chaque doigt a un rôle et va créer des sons sur le clavier. Je suis entrée au conservatoire à l'âge de 5 ans, et j'ai progressé grâce à mon professeur qui m'encourageait, me guidait, me donnait confiance en moi. J'ai appris à jouer des centaines de morceaux, et ma fascination pour la musique s'est alors doublée d'une fascination pour mon corps qui me permettait de réaliser ces prouesses de l'apprentissage et de l'exécution musicale. Ce qui m'émerveillait surtout, c'était le pouvoir que l'instrument donnait à mes doigts. Ils étaient capables de courir sur le clavier avec une rapidité incroyable ! Et surtout de reproduire parfaitement les mouvements que je leur apprenais. Je déchiffrais les partitions seule chez moi... Je recommençais plusieurs fois les enchaînements de notes difficiles, en restant parfois des heures sur le même passage compliqué jusqu'à ce que mes doigts l'exécutent parfaitement. Et puis je faisais la même chose avec la suite, progressant ainsi lentement dans le morceau. Au bout du compte, tout finissait par rentrer, et je pouvais assembler, synchroniser les deux mains. Bref j'apprenais les morceaux par cœur, jusqu'à pouvoir les jouer de mémoire. Ensuite... sans que j'aie besoin de réfléchir aux notes, mes doigts se se rappelaient tout seuls des emplacements sur le clavier. C'était magique ! Et aujourd'hui, si je me remets au piano, mes doigts sont encore capables de retrouver le chemin d'un morceau que je n'ai pas revu depuis des années. L'impression que j'ai alors, c'est que ce n'est pas mon cerveau qui commande à mes mains, mais que mes mains se souviennent seules des gestes précis qu'elles doivent effectuer. C'est en fait la mémoire inconsciente qui se le rappelle mais ça me donne l'impression que mes doigts jouent tout seuls ! C'est une sensation incroyable !

Finalement, le corps assimile des choses, les intègre sans même que l'on s'en rende compte, pour être ensuite capable de les reproduire à vie. Jouer d'un instrument, mais aussi faire du vélo, nager, conduire... ce sont des choses que le corps n'oublie pas.

Dès que je croise un piano, je ne peux m'empêcher de jouer. Souvenir ici d'un piano public en haut du Mont-Royal à Montréal, en pleine session running.

MARTIN, BOULANGER, DES MAINS MAGIQUES

Les artisans nous permettent de vivre mieux en créant avec leurs mains et leur corps des choses qui nous apportent chaleur, confort et nourriture. Qu'ils soient potiers, maçons ou boulangers, ils utilisent leur corps au quotidien en répétant des gestes qu'ils maîtrisent à la perfection. Comme Martin, membre de la communauté Respire, qui vient courir avec la Team tous les mercredis et nous apporte du pain tout frais.

« Je suis boulanger depuis à peine un an et demi. Après avoir passé huit ans dans le métier de la vente, j'ai décidé de me reconvertir et depuis, je n'ai aucun regret ! J'y suis allé par étapes : j'ai arrêté de fumer, je me suis mis à la course à pied et j'ai changé de métier !

La course m'a appris à redécouvrir mon corps, dans tous ses aspects et à occuper mon esprit. Sujet aux pneumothorax (deux en dix ans) et au syndrome de Morton aux deux pieds, j'y suis allé petit à petit. J'ai compris que je pouvais accomplir des choses que je n'aurais jamais pu imaginer faire avant. Lorsque l'on connaît son corps, tout devient possible. Il faut juste savoir l'écouter et le respecter.

La course m'a également beaucoup aidé dans mon nouveau métier, car ces deux activités exigent une même qualité : l'endurance. Tout l'inverse de ma profession précédente, dans laquelle j'avais la désagréable impression de m'enfoncer dans mon siège, de ne pas utiliser mon corps et ses capacités à 100 %. La boulangerie demande beaucoup de rigueur. Il faut savoir prendre soin de son corps pour l'utiliser correctement dans les différentes tâches à exécuter comme se lever tôt, porter des charges lourdes, rester debout, ne pas se faire mal pour atteindre un but bien précis : sortir un produit de qualité chaque jour. On pourrait penser, à tort, que chaque jour est identique, mais la météo et le blé ancien donnent du fil à retordre. Il faut sans cesse faire appel à ses sens, celui de l'odorat et surtout celui du toucher.

Ce métier étant physique, il faut entretenir son corps. Une bonne hygiène de vie est indispensable. Cela passe par le sport, comme le pilates, afin de travailler nos muscles profonds, qui nous permettent, entre autres, de nous tenir droit tout au long de la journée et de faire les bons gestes sans nous faire mal. Le sommeil aussi est primordial.

Ce changement de vie m'a appris beaucoup de choses, et notamment que notre corps est un atout, quels que soient notre taille, notre poids, notre sexe, notre handicap, nos douleurs… À tout âge, il faut le respecter, le choyer, l'entretenir et l'aimer. Un corps en bonne santé est un corps qui a su trouver le bon équilibre tant sur le plan mental que physique, et qui a pris conscience de sa magie. »

Les tips de l'expert Major Mouvement

Comment développer les capacités de votre corps pour vous faciliter la vie ?

✦ Pendant six semaines, essayez de vous entraîner de manière régulière plus de vingt minutes deux fois par semaine. Comparez le résultat avant et après (pas sur la balance ou dans le miroir, mais en regardant vos capacités).

✦ Souvenez-vous que l'entraînement consiste à rendre les choses inconfortables confortables, les choses insupportables supportables, et dans l'idéal les choses que l'on pensait impossibles possibles.

✦ Prenez deux minutes matin et soir pour un scan corporel et émotionnel. Demandez-vous : Comment est-ce que je me sens dans chaque partie de mon corps ? Quelles sont mes émotions dominantes ?

Notre corps,
notre seule maison

Pour tout ce qu'il nous permet et nous apporte, notre corps est un cadeau du ciel ! Il est important d'en être conscient, pour deux raisons : pour s'en réjouir, mais aussi pour veiller sur lui comme sur un bien précieux. Car notre corps est à la fois formidablement puissant et particulièrement fragile. C'est pourquoi il faut en prendre soin.

J'aime comparer notre corps à une maison dotée de nombreuses pièces, qui possèdent chacune une fonction : la cuisine est utile pour s'alimenter, le bureau pour réfléchir, les conduits de ventilation pour respirer. Nous habitons notre corps. Il nous abrite et met à notre disposition ses merveilleuses fonctionnalités. Alors de la même façon que nous entretenons une maison, nous devons entretenir notre corps : y faire le ménage (avoir une bonne hygiène de vie ou du moins avoir un certain équilibre pour l'aider à aller mieux quand on a un peu trop tiré sur la corde), aérer souvent (bien respirer, si possible un air pur), inspecter régulièrement ses fondations (aller chez le médecin si quelque chose cloche ou pour faire des bilans réguliers). Il faut aussi accepter que notre corps évolue avec le temps et l'âge, mais en prendre soin permet de le maintenir en forme le plus longtemps possible.

Je crois que je me suis aperçue assez tôt de l'importance de prendre soin de mon corps grâce à la pratique du sport. Il est entré tôt dans ma vie sous la forme de la GRS, puisque dès le début de mes années en primaire, je me suis prise de passion pour cette discipline. Alors j'ai enchaîné les entraînements, de plus en plus intenses, de plus en plus rapprochés. Je les ai entrecoupés de compétitions. Et je me suis blessée. Ou plutôt, c'est ce que j'ai d'abord cru. J'ai pensé que j'en guérirais, qu'une blessure n'avait besoin que d'un bon médecin. Mais la réalité était plus compliquée, car la pratique intensive avait abîmé ma colonne vertébrale. Pendant deux ans, j'ai suivi deux séances de kiné par semaine et vu un ostéopathe presque toutes les semaines. Leurs mains m'ont finalement guérie et, grâce à leur savoir-faire, j'habite aujourd'hui un corps en parfait état de marche.Cet épisode m'a appris une chose importante : le corps est un miracle, une source intarissable d'épanouissement mais il est fragile. Il faut en prendre soin.

Mais sans qu'il y ait à proprement parler de blessure, le corps peut aussi réagir de lui-même et s'altérer. Je l'ai vécu personnellement, comme une autre prise de conscience. À 22 ans, je me suis rendu compte que lorsque je courais, et que je portais des brassières assez serrées, je ressentais une douleur dans la poitrine à droite et j'ai senti une boule. J'ai fait des examens et lorsque l'on m'a annoncé le premier diagnostic, j'ai paniqué. J'avais une tumeur *a priori* bénigne, mais dont il fallait confirmer le caractère inoffensif par des examens complémentaires. Un suivi était en effet nécessaire, constitué de contrôles tous les six mois, pour s'assurer que la tumeur n'évoluait pas. Or, lors de la première vérification, elle avait grossi... Les choses se sont heureusement stabilisées ensuite et le diagnostic final « bénin » a pu être posé au bout de deux ans. Cet événement m'a fait expérimenter un profond sentiment de doute et d'impuissance, qui m'a amenée à réfléchir.

Quand on a un pépin de santé, on se rend compte que tout peut s'arrêter, car on n'est plus à 100 % de notre capacité, on ne peut plus donner le meilleur de nous-mêmes. Cela nous coupe dans notre élan, simplement parce que le souci que nous nous faisons, le stress et la charge mentale que cela induit nous empêchent de nous sentir au meilleur de notre forme.

Bien sûr, je suis consciente que j'ai eu beaucoup de chance et qu'il ne m'est rien arrivé de grave. Cependant j'ai rencontré beaucoup de

> **NOTRE CORPS est une SOURCE intarissable D'ÉPANOUISSEMENT, MAIS il faut en PRENDRE SOIN**

C'est quand je fais du sport et que je transpire à fond que je me sens le plus en vie !

personnes ayant vécu des choses dramatiques par rapport à leur corps et je me suis rendu compte à quel point cela peut changer une vie du jour au lendemain !

Pourtant, à mon niveau, cette histoire m'a amenée à prendre conscience que, même si des accidents de santé peuvent arriver sans que l'on puisse rien y faire, il est possible de faire au mieux pour prendre soin de son corps, de manière à minimiser certains risques. De faire vraiment attention à soi.

C'est d'ailleurs cet épisode qui m'a amenée au lancement de Respire. Ceux qui connaissent mon histoire ne seront pas surpris de me voir en parler ici. J'ai pris conscience que mon corps n'était pas invincible et que je voulais en prendre soin, le respecter, le chouchouter... À la suite de ces ennuis de santé, j'ai ainsi remis en question mon mode de vie en général, et plus spécifiquement les produits d'hygiène que j'utilisais. J'ai fait des recherches sur les déodorants, les crèmes, les savons que j'appliquais quotidiennement, et j'ai été piquée d'une envie de plus de transparence, de mieux comprendre les produits qui m'accompagnent au jour le jour. C'est cela qui m'a donné envie de lancer ma marque. À l'origine, il s'agissait de concevoir un déodorant qui soit naturel, efficace, facile et agréable à utiliser, sans aucun ingrédient controversé, made in France, végane... Je cherchais à cocher toutes les cases pour que mon produit réponde aux attentes du plus grand nombre. Je me suis beaucoup renseignée autour de moi pour avoir des avis sur mon produit, savoir ce que les consommateurs souhaitaient vraiment. Et, clairement, j'ai compris que la prise de conscience de mieux consommer, de faire attention à ce que l'on applique sur notre corps est générale. Je n'étais vraiment pas la seule à m'inquiéter de cette question ! Et donc, forts de cette communauté, nous continuons sur cette voie pour offrir des produits cosmétiques qui ont toujours cette même philosophie. Notre déodorant originel a été rejoint par de nombreux autres produits, et je vais justement vous raconter plus en détail cette folle aventure entrepreneuriale dans les prochaines pages...

Notre corps est notre maison pour la vie. Je l'ai perçu avec encore plus de force lorsque, le 1er mars 2021, mon grand-père a fait un AVC qui l'a laissé paralysé de tout son côté droit. Il avait 79 ans et, avant cet événement, il jouait au tennis, au piano, était très dynamique... C'est certainement le stress qui a déclenché cet accident chez ce papy qui avait encore 20 ans dans sa tête. Du jour au lendemain, il s'est retrouvé cloué dans un fauteuil roulant, à devoir réapprendre à parler, à avaler, avec un visage sans expression, incapable de sourire ou de pleurer, son bras droit complètement immobile, bloqué. Je me suis sentie pour la première fois confrontée au désarroi d'une personne très proche dont le corps ne répond plus. Il se sentait complètement démuni. Et moi aussi. Aujourd'hui, j'espère qu'il récupérera ses facultés, un petit peu chaque jour, et qu'il pourra remarcher, jouer de nouveau du piano. En septembre 2021 je l'ai vu rejouer au piano, uniquement de la main gauche, celle qui n'est pas paralysée, c'est déjà une petite victoire.

Le tip de l'expert Major Mouvement

S'accepter, c'est aussi accepter son corps qui change !

Il est essentiel d'accepter que notre corps évolue avec notre vie. Ce qui était valable quand on avait 20 ans ne l'est plus à 30 ou 40. Ce n'est pas mieux ou moins bien, c'est simplement différent. Il faut savoir composer avec cette différence. Les gens ont souvent peur de vieillir, alors qu'en réalité c'est la plus belle des choses qui puissent arriver, car les seules personnes qui ne vieillissent pas sont celles qui meurent jeunes. Notre vraie richesse, c'est de prendre conscience de cette fin qui pèse sur chacun de nous, et de faire en sorte qu'elle arrive le plus tard et le mieux possible.

SAMIR AÏT SAID, ATHLÈTE, ACCEPTER DE REPARTIR DE ZÉRO

Samir Aït Said est un ami, athlète olympique et kinésithérapeute. Je l'ai rencontré lors des Étoiles du Sport en 2019. Quelques années plus tôt, il lui est arrivé une histoire incroyable en plein Jeux olympiques...

« J'ai commencé la gym à l'âge de 6-7 ans à Champigny-sur-Marne et je me suis rapidement spécialisé dans les anneaux et le saut de cheval, deux disciplines où je pouvais tirer le meilleur parti de mon point fort : la puissance.

J'ai gravi les échelons à l'international jusqu'à devenir champion d'Europe et du monde junior. Puis j'ai remporté neuf titres de champion de France, huit médailles européennes et quatre médailles d'or en Coupe du monde et j'ai été 3ᵉ aux Championnat du Monde.

J'aime beaucoup dire que mon corps est ma machine de travail. Il faut l'entretenir pour qu'il fonctionne au maximum de ses capacités et lui donner du carburant : de la bonne nourriture, une hydratation adaptée. Et bien sûr, il est nécessaire de suivre des entraînements précis et ciblés.

Mais même en faisant très attention à sa forme physique, des accidents peuvent survenir et il faut savoir les gérer et s'en remettre. Mon parcours en est la preuve, en quelque sorte...

En 2016, aux JO de Rio, j'ai vécu une chute qui a eu un impact fort sur la suite de ma carrière. Malgré une préparation extrêmement pointue et alors que j'étais proche d'obtenir la qualification pour la finale, j'ai fait une mauvaise réception sur un saut de cheval qui m'a provoqué une triple fracture ouverte du tibia et du péroné. Au sol au beau milieu du stade, j'ai dû déclarer forfait juste avant que les médecins ne m'emmènent à l'hôpital pour m'opérer.

J'étais évidemment super déçu, mais dès le lendemain de l'opération, j'étais déjà dans l'optique de préparer les JO de Tokyo. Je savais que ce serait difficile, mais j'étais déterminé.

Après la blessure, j'ai perdu de la puissance et j'ai pris du poids, d'autant plus que dans le cadre de ma dernière année d'études de kiné, je devais travailler mon mémoire et ma soutenance tout en menant ma rééducation. J'ai atteint mes deux objectifs : me remettre sur pied et avoir mon diplôme. Mais j'ai dû repartir de zéro. J'étais un sportif qui n'avait plus un corps de sportif et je ne le supportais pas.

Lorsque j'ai décidé de changer, de dire stop, mon corps a obéi. Il s'est souvenu. J'ai entrepris une rééducation intensive et un gros régime, accompagnés d'un travail de cardio, d'endurance et de footing. J'ai repris la compétition avec une Coupe du monde à Paris Bercy en septembre 2017, où j'ai remporté la médaille d'argent. J'ai ressenti une grande fierté de revenir ainsi à un haut niveau sur une compétition qui se déroulait "à la maison".

Mon prochain défi, ce sont les JO. Je ne veux pas de médaille de bronze ni d'argent. Je suis déçu de ma 4e place à Tokyo. Cela n'a fait que renforcer ma rage de vaincre en vue des JO de Paris 2024. Je veux être champion olympique à Paris. Aujourd'hui, je veux me battre pour toutes les personnes qui m'ont soutenu, aidé, et pour toutes celles qui n'ont pas pu se relever d'une blessure ou d'une maladie. »

MAJOR MOUVEMENT

*Kinésithérapeute, thérapeute manuel
et enseignant en thérapie manuelle*

Parce qu'il est passionné par le corps humain, Major Mouvement a décidé de diffuser ses connaissances au plus grand nombre à travers des livres, les réseaux sociaux et la télévision. C'est LE spécialiste du corps humain que je préfère !

« Mon approche de la vie peut paraître assez surprenante : elle part du principe que tout peut s'arrêter du jour au lendemain et qu'il faut donc profiter aujourd'hui de son potentiel. En ayant vu et vécu le pire au travers de mes patients, je sais que c'est un luxe d'être en vie, et qu'il est donc essentiel de faire preuve d'acceptation et de résilience face aux problèmes de santé. Être en bonne santé, ce n'est pas forcément ne pas avoir de douleur et ne pas être fatigué. C'est accepter son corps tel qu'il est et en profiter à fond.

La vie d'un corps en bonne santé passe par le mouvement. Si l'on reste allongé ou avachi huit heures par jour, il se passe peu de choses en termes de régénération et de mise en forme. En revanche quand on bouge, quand on respire, quand on vit dans une pleine conscience bienveillante, on lui permet de développer tout son potentiel. Si on l'envisage dans ses douleurs, ses blocages, il est comme une armure rouillée. Si l'on regarde au contraire ses atouts, il devient le plus beau des véhicules.

"Fragilité" est un mot que j'ai enlevé de mon vocabulaire. Je préfère dire : on peut optimiser le corps, lui donner la capacité de devenir meilleur. Malgré les accidents de la vie, physiques ou émotionnels, le corps et l'esprit ont cette faculté de se recréer, peut-être pas dans les conditions que l'on aurait souhaitées ou imaginées, peut-être pas selon l'image de ce que la société nous dit d'un corps parfait, mais dans les conditions qui sont les nôtres et selon nos capacités. Notre corps est magique parce qu'il a la faculté, chaque jour, de renaître, de cicatriser et de se transformer.

Notre corps nous offre l'extraordinaire possibilité de percevoir le monde extérieur, mais aussi notre monde intérieur (avec nos sens et nos émotions). En accordant de l'attention à cette lecture, on peut adapter nos actions, nos attitudes à notre forme physique et psychique. À titre personnel, tous les matins, je prends deux minutes pour faire un scan physique et émotionnel de ce que je ressens (dans mes articulations, ma tête, mon cœur, mes poumons, mes émotions, ma fatigue), et je m'attribue une note de forme. Si j'ai 7/10, je sais que je serai capable de donner, de recevoir. Si j'ai 2/10, je sais que je choisirai de vivre ma journée dans l'économie, en étant plus fermé. En fonction de ma note et des personnes que j'ai en face de moi, j'adapte ainsi en permanence mon attitude.

Comment je fais pour avoir autant d'énergie ? Je fais comme avec une voiture : quand je n'ai plus d'essence, j'adapte mon allure pour m'économiser, quand j'ai le plein d'essence, j'y vais à fond. Je m'adapte. Et tout cela est vrai aussi dans ma pratique sportive et dans ma vie professionnelle. Je conseille d'être dans l'autoévaluation permanente pour gérer l'énergie en continu.

Notre corps témoigne souvent de l'expression profonde de nos émotions, puisqu'elles sont le reflet d'un processus chimique (la joie et la tristesse par exemple sont bel et bien des processus chimiques). La science est formelle : la douleur et le ressenti de la douleur sont multifactoriels, et dépendent notamment des émotions, des idées reçues, des croyances et de l'histoire de l'individu. C'est essentiellement subjectif. Les gens plutôt heureux et bien dans leur tête subissent, à stimulus douloureux égal, beaucoup moins d'impact sur leur vie que ceux qui ont des relations toxiques.

J'ai donc systématiquement cette double lecture avec mes patients : de leurs corps et de leurs émotions. Ils vivent souvent une scission entre le corps et l'esprit. Ils ont fréquemment honte de dire "j'ai remarqué que quand je suis stressé, j'ai plus mal", parce que l'on est tous imprégné de nos cours de philo qui dissocient corps et esprit. Pourtant, chimiquement, c'est complètement faux. Et ce n'est pas de la médecine de bas étage.

La bonne nouvelle, c'est que si les facteurs extérieurs ont des retentissements sur notre corps par le biais des émotions, on peut aussi avoir un impact sur ce processus de l'intérieur, par la volonté. Le sport, ou la méditation par exemple, permettent de stimuler des hormones qui rendent heureux.

On pense souvent qu'il suffit d'obtenir ce que l'on souhaite pour être heureux, ou de réfléchir. Je crois que c'est assez faux. Il faut agir, il faut bouger pour devenir heureux. Qu'est-ce qui rend malheureux ? Ne pas dire ce que l'on pense, être dans une relation toxique qui met mal à l'aise, mal manger, mal dormir. Dans ce contexte, chimiquement, tout nous pousse vers le malheur.

À l'inverse, faire du sport régulièrement, faire l'amour, rigoler et bien manger permettent de rendre le corps fertile au bonheur. Pour cette raison, rechercher un objectif physique dans le sport est une erreur. C'est le ressenti intérieur et l'impression d'épanouissement qui sont absolument essentiels. Lorsque l'on dépasse le pur entretien de la carcasse physique ou la recherche d'esthétique, le rapport au corps devient magique. Un processus hormonal vertueux se met en place, qui, par le biais du système de récompense (je fais un effort, je récolte du plaisir), nous pousse vers plus de confort, de bien-être et de potentialités.

Dans cette dynamique, il faut bien sûr savoir s'écouter, pour se motiver les jours où l'on a envie de rester sur son canapé, mais aussi pour se reposer quand le corps en a besoin. C'est ça, construire un corps magique.

Un de mes entraînements running dans un cadre idyllique dans le sud de la France. C'est clairement en me mettant à la course à pied que j'ai pris conscience de la magie du corps et du mental !

Clé nº 2

CONNAIS-TOI TOI-MÊME

Apprendre à aimer
son corps

Nous sommes tous enfermés dans un corps doté de caracté-
ristiques propres, et dont on a souvent l'impression qu'il nous
limite. Il possède des compétences particulières, mais aussi des
incapacités, des imperfections parfois sources de complexes.
Dans ce domaine, le regard que l'on porte sur soi-même est très
important, car il conditionne le rapport que l'on entretient avec
son propre corps. Un regard bienveillant est la meilleure option,
mais ce n'est pas toujours chose facile…

Accepter son corps et son apparence physique n'est simple
pour personne. On a beau se dire que l'image que l'on dégage n'est pas
essentielle, il est compliqué de ne pas se focaliser sur nos défauts corpo-
rels, ou en tout cas sur ce que nous considérons comme tels. On sait tous
qu'avoir un physique agréable ne signifie pas forcément ressembler à une
star de cinéma ou à un athlète, et pourtant nous ne sommes pas tendres
avec nous-mêmes. Nous abusons constamment de l'autocritique, détes-
tant des micro-complexes qui nous semblent être des montagnes, alors
qu'ils sont invisibles pour les autres : une bouche trop petite, deux kilos
« en trop », un bouton sur le front, des oreilles trop grandes, une voix trop
aiguë, des mains trop fines peuvent nous gâcher nos journées.

Au-delà de l'apparence physique, il y a tout le reste, l'intelligence, la
manière de parler et de s'exprimer, les activités que l'on développe ! On
a beau être conscient de tout cela et l'accepter, lorsque l'on est persuadé
d'avoir un défaut physique important, tout s'effondre : c'est comme si
notre cerveau tournait en boucle sur le sujet. On ne voit plus que cela,
et cela devient très compliqué de s'en détacher. Moi-même, en écrivant
ces lignes et malgré tout le travail fait sur mon corps par l'intermédiaire
du sport et des réflexions menées sur le sujet, je ressens encore des com-

plexes dont il est parfois difficile de me détacher. Mais je relativise et mesure aussi ma chance car ils ne m'empêchent pas de vivre ma vie, de faire ce que j'aime : en avoir conscience permet de les mettre un peu de côté pour capitaliser sur ce que l'on aime bien chez soi. Mes complexes, notamment mes jambes que je trouve trop musclées, sont même devenus précisément les atouts qui me portent et me permettent de décrocher des médailles, grâce aux années passées à courir et à progresser dans ce sport.

SE DÉTACHER du regard DES AUTRES AIDE à RELATIVISER ses complexes

Ce n'est qu'un exemple bien sûr, mais je crois qu'il est essentiel d'accepter son corps comme il est, avec ses défauts, ses qualités et de prendre conscience de tout ce qu'il nous permet de faire, et même de réaliser des exploits ! Il nous a été donné ainsi, qu'il corresponde ou non aux critères de beauté de notre époque (d'ailleurs qu'est-ce qu'on s'en fiche de ces critères de beauté !), qu'il soit en bonne santé ou non, qu'il soit adapté à telle ou telle activité. Il est ce qu'il est, il est comme il est, et c'est ce que l'on va en faire qui va nous permettre de nous épanouir. Le mental doit être capable de valoriser notre corps en s'appuyant sur ce qui constitue nos forces. Le maître mot, c'est « s'accepter ».

L'essentiel, c'est aussi d'arrêter d'anticiper le regard des autres, de se dire qu'ils vont penser que... Parce que souvent, les personnes que l'on côtoie sont bien plus indulgentes que nous envers nous-mêmes ! Pour ma part, il y a deux choses qui m'ont beaucoup aidée à m'accepter : premièrement le sport. L'impact que celui-ci avait sur mon corps me faisait me sentir mieux. Et deuxièmement me filmer pour les réseaux sociaux pour les débuts de Respire. J'avais le souhait de partager les coulisses de la marque. Et même si ce n'était pas du tout le but au départ, cette activité m'a obligée à me détacher de mon image. Au début, j'avais tendance à visionner mes vidéos en détail, et donc à me trouver ridicule, à me poser des questions sur ma voix, etc. Mais je me suis très vite rendu compte que si je regardais trop mes images, eh bien, je n'en publiais aucune, tout simplement parce que je n'aimais pas mon apparence ! Il a fallu que j'apprenne à lâcher prise sur ce point. Les personnes de ma communauté m'ont beaucoup aidée dans ce processus en me disant qu'ils appréciaient mes vidéos, et cela même quand je m'étais filmée à la fin d'une course, toute rouge, transpirante, complètement authentique. Les autres ne me jugeaient pas mal, bien au contraire : ils appréciaient ma démarche de me montrer au naturel.

Ne pas s'autocensurer, connaître ses forces et savoir ne pas se focaliser sur ses faiblesses et même en tirer parti, c'est le chemin vers l'équilibre, pour se sentir soi-même et s'accepter. Soyons bienveillants avec nous-mêmes ; notre corps et notre mental nous le rendront !

Les tips de l'experte Cécile Neuville

Comment apporter un nouveau regard sur la beauté et les complexes ?

Personne n'est parfait, aussi bien mentalement que physiquement, et nous avons tous des imperfections, évidemment ! Accepter ses imperfections, et même les voir sous un autre angle et apprendre à les aimer est un bon moyen de se libérer de ses complexes et de renforcer son estime de soi. Voici un exercice utile pour porter un nouveau regard sur soi-même et ces petits (ou gros) complexes qui peuvent parfois nous gâcher la vie :

✦ Faites une recherche sur Google Images de photos d'hommes ou de femmes célèbres.

✦ Choisissez trois photos de trois personnes célèbres (hommes ou femmes) que vous trouvez particulièrement belles.

✦ Pour chacune d'elles, listez tout ce qui, selon vous, les rend belles (leur taille fine ? leurs muscles ? leur peau parfaite ? leurs dents blanches ? ou leur charisme ? leur joie de vivre ? leur générosité ? le bonheur qu'elles inspirent ?).

✦ Pour chacune d'elles, imaginez quels pourraient être leurs complexes.

✦ Finalement, demandez-vous ce qui peut vraiment vous rendre beau ou belle…

Souvenir de la dernière étape du Half Marathon des Sables, il restait 30 km sur 120 pour passer la ligne d'arrivée finale.

JULIE@DOUZEFEVRIER, INFLUENCEUSE,
ACCEPTER SON CORPS ET L'AIMER

J'ai connu Julie à travers les réseaux sociaux il y a quelques années et son histoire m'a énormément touchée. Cette femme est une des plus inspirantes que je connaisse sur l'acceptation du corps et l'amour-propre.

« Je m'appelle Julie, mais je suis plus connue sur les réseaux sociaux sous le pseudonyme DouzeFevrier. "DouzeFevrier" ne correspond pas à la date de ma naissance, mais plutôt à celle de ma REnaissance. C'est le jour où ma vie a basculé. Où tout a été chamboulé.

À l'occasion du carnaval organisé par mon lycée, j'étais déguisée en mouton et je portais un costume que j'avais fabriqué avec ma meilleure amie.

J'ai fumé une cigarette… et mon costume s'est enflammé sur moi. J'en étais prisonnière.

Verdict : trois mois de coma artificiel, 40 % de mon corps brûlé au troisième degré, mes cheveux rasés… Bref, une vie perturbée et changée pour toujours. La mienne.

J'ai dû réapprendre à manger, à parler, à marcher. Mais surtout à m'accepter.

Mon corps et moi, nous sommes passés par bien des phases… Avant l'accident, je l'ai aimé de pouvoir me porter autant dans mes sports. Après, je l'ai injurié, détesté, frappé, tout simplement parce que je ne le reconnaissais plus. Je ne ME reconnaissais plus.

Aujourd'hui, je le remercie d'avoir été si fort, si puissant, de m'avoir autorisée à saisir cette seconde chance, celle d'être en vie. On a frôlé la mort ensemble, et lui et moi, on est prêts à vivre plus que jamais. Mon corps est magique parce qu'il m'a sauvée. Il est capable de tout supporter : douze heures de gymnastique artistique par semaine, du plongeon, le judo, la danse, la rééducation, les lourdes charges du fitness, le surf ou le snow. Il me fascine parce qu'il se relève de tout. C'est mon pilier, ma carapace.

Bien sûr que ce n'est pas tous les jours facile, car les gens nous regardent beaucoup. Oui, nous sommes différents. Mais forts. Et si rien n'est plus comme avant, ça peut être encore plus beau. Mes complexes sont nombreux, mais je pense qu'ils évoluent en même temps que mon corps. Certains disparaissent, d'autres apparaissent. Et entre les deux... il y a ceux que j'apprends à aimer, et ceux que je n'aimerai sûrement jamais ou avec plus de difficultés. Tel est le chemin de l'acceptation. Aimer son corps, c'est aussi accepter que l'on n'accepte pas tout. Pour me rassurer, j'essaie de me dire que tout le monde a des complexes. Et que chacun est trop occupé à s'intéresser aux siens pour s'attarder sur ceux des autres. Après l'accident, je ne voyais plus ce qu'il y avait de beau en moi, mais j'ai compris plus tard que c'était parce que rien dans ma façon de penser ne l'était. Ne dissociez jamais votre esprit de votre corps. Écoutez-vous, et ne vous précipitez pas. On avance tous à notre rythme en ce qui concerne nos histoires et nos combats. Le tout, c'est de finir par s'en sortir. »

À chacun
ses limites

Écouter son corps et apprendre à bien le connaître est très important pour savoir jusqu'où il est capable d'aller. Bien sûr, il restera toujours des zones d'ombre, des incertitudes quant à certaines capacités et à la possibilité d'atteindre tel ou tel objectif, dans la pratique sportive notamment. Mais pour se préparer au mieux, il faut identifier ses limites et composer avec elles.

Le 28 mai 2017, j'ai couru mon deuxième semi-marathon, celui d'Ottawa. La seule expérience que j'avais en course à pied à la date de cette échéance, c'était quatre mois d'entraînement (sachant que, avant cela, je n'avais jamais couru) et un premier semi-marathon, celui de Paris en mars 2017. Bref, pas grand-chose, mais une envie inébranlable de redevenir semi-marathonienne. L'entraînement que j'avais suivi n'avait rien de professionnel. Je courais avec ma famille, notamment mes parents, qui courent particulièrement bien, mais en amateurs.

Il s'agissait donc de ma deuxième course, de ma deuxième médaille, et j'avais très envie de faire un super temps, pour me prouver à moi-même et montrer à mes proches et à ma communauté de quoi j'étais capable. Je commençais en effet à beaucoup partager ma passion pour la course à pied sur Instagram, sous le nom de @Just_in_run, et j'avais à l'époque 2 000 abonnés. J'ai couru ce semi-marathon avec trois copines, Alix, Coralie et Philippine. Dès le départ, je me suis calée sur la vitesse d'Alix, qui était la plus rapide de toutes. Je voulais la prendre comme lièvre pour booster mon temps, tout en étant complètement consciente que son allure de course était plus rapide que la mienne. J'avais décidé de passer la ligne d'arrivée en moins de deux heures, et rien ne pouvait m'arrêter.

Avec du recul, je peux dire aujourd'hui que je ne connaissais pas encore assez bien mon corps. Je ne savais pas de quoi il avait besoin pour atteindre cet objectif… Le matin, j'avais à peine mangé deux petites tartines avec de la confiture (alors que l'alimentation le matin est super importante !). Tout le long de la course qui se déroulait sous un soleil de plomb (il faisait 30 °C), je ne me suis pas assez hydratée. Bien sûr, il y avait des ravitaillements, mais lorsque je m'en approchais pour attraper un verre d'eau, au lieu de le boire, je me le versais sur la tête pour me rafraîchir ! Je sentais que mon corps allait puiser de l'énergie dans des endroits inconnus, que je ne me sentais pas comme d'habitude. Mais c'était comme si mon mental s'était déconnecté de mon physique. J'avançais comme un robot, comme si je volais. Mon corps m'envoyait des signaux de douleur, de faiblesse, une envie très forte de m'arrêter, mais ma tête restait bloquée sur l'envie d'aller au bout coûte que coûte.

Au 19e kilomètre, j'ai fait un malaise, dont j'ai su plus tard qu'il était dû à la combinaison d'une insolation, d'une déshydratation et d'une hypoglycémie. Je ne me souviens plus du tout de ce qu'il s'est passé. C'est Alix qui m'a tout raconté. Elle m'a vue commencer à ralentir et à marcher comme un zombi, de manière totalement mécanique. Et puis je suis tombée en arrière et j'ai eu la chance d'être rattrapée par une coureuse. Grâce à elle, ma tête n'a heureusement pas heurté le sol et je ne me suis pas fait mal. La coureuse et Alix m'ont emmenée dans l'herbe sur le bord du parcours, et m'y ont

CONNAÎTRE SES FAIBLESSES EST LE premier pas SUR LE CHEMIN de la RÉUSSITE

allongée. Mon malaise a duré vingt minutes, et lorsque je me suis réveillée, je ne me souvenais plus où j'étais. Dès que j'ai repris suffisamment mes esprits pour comprendre que la course n'était pas terminée, j'ai voulu recommencer à courir pour atteindre la médaille. Les médecins ont refusé catégoriquement. J'étais très faible, j'ai vomi et je n'arrivais plus du tout à réfléchir ni même à parler. J'avais l'impression de devenir complètement folle, la sensation était comme si mon cerveau n'était plus alimenté. J'ai appelé mes parents mais je leur racontais n'importe quoi. Je ne connaissais plus ma date de naissance. On me demandait qui était le président de la République, et je ne savais même pas répondre. J'ai ressenti une grande angoisse, et j'ai compris que j'étais allée beaucoup trop loin…

Écouter son corps et apprendre à le connaître est très important pour savoir jusqu'où il est capable d'aller.

Cet épisode marquant de ma vie est très personnel mais me semble intéressant, à titre d'exemple extrême de ce qui peut nous arriver si l'on oublie de s'écouter. On a souvent envie de dépasser ses limites, et je trouve cela normal et plutôt sain, car c'est aussi ce qui nous permet d'avancer. Mais il faut le faire de la bonne manière, sans brûler les étapes, en se connaissant et en apportant l'énergie dont le corps a besoin pour être capable d'aller au bout du projet que l'on s'est fixé. Cet état d'esprit me semble valable autant dans le sport que dans la vie en général. Pour ne pas se brûler les ailes, pour ne pas avancer trop vite et risquer d'échouer, il est important d'identifier ses limites et les domaines dans lesquels on a besoin de se perfectionner, d'apprendre.

De la même manière, lorsque je me suis lancée dans l'aventure entrepreneuriale, il y avait de nombreuses choses que j'ignorais, de compétences que je ne possédais pas. Pour progresser et finalement réussir, il m'a fallu décider de confier certaines missions à d'autres ou apprendre à les réaliser moi-même. Connaître ses faiblesses est la condition *sine qua non* de toute progression, et donc la première étape sur le chemin de la réussite.

Les tips de l'experte **Cécile Neuville**

Une faiblesse est souvent associée à un défaut.

Pourtant il s'agit tout simplement d'un manque de force, d'intensité ou de solidité, que l'on peut aussi qualifier de point à améliorer, car une faiblesse n'est pas irréversible. C'est un état à un moment et dans un contexte donnés et sur un aspect précis de la situation. Identifier ses faiblesses revient donc à découvrir ce que l'on peut soit déléguer, soit renforcer pour se sentir plus solide, plus fort pour avancer ! Commencez par accueillir vos faiblesses avec bienveillance, pour les transformer en levier de motivation. Par exemple, si vous rêvez d'organiser des séminaires ou des conférences, mais que vous identifiez comme faiblesse votre difficulté à prendre la parole en public, vous avez deux options :

✦ déléguer l'animation à un maître de cérémonie et faire appel à des intervenants, et vous concentrer sur les missions qui reposent sur vos talents (comme l'accueil, la logistique, la communication...)

✦ vous former ou vous faire coacher pour développer votre capacité à prendre la parole en public.

QUENTIN REYGROBELET, COFONDATEUR DE LA SOCIÉTÉ BLISSIM, SE FOCALISER SUR LES CHOSES QUE L'ON AIME FAIRE

J'ai rencontré Quentin à mes débuts dans l'entrepreneuriat et c'est rapidement devenu un de mes mentors. Quentin est passé par de nombreuses épreuves de l'entrepreneuriat et a toujours su nous conseiller pour Respire.

« J'ai fait des études de finances et une école de commerce. À l'occasion d'un échange, je suis parti à Shanghai, puis j'ai fait le tour du monde pendant huit mois avec des copains. À la fin de mes études, en 2011, je me suis associé pour créer JolieBox, la première box cosmétique pour les femmes sur le Web. Le succès a été au rendez-vous, au point que, en 2012, nous avons fusionné avec l'acteur majeur américain du secteur, Birchbox.

Il y a presque deux ans, nous avons décidé de reprendre notre indépendance et de racheter la partie française de Birchbox, en lui donnant un nouveau nom : Blissim.

Je suis président chez Blissim et je m'occupe de toute la partie offre, relation avec les marques, branding, univers de marque, marketing et acquisition client, communication, trafic et relation presse. Mon associé occupe les fonctions de DG et est chargé des opérations, du service client et du data.

En matière de forces et de faiblesses, je pense qu'il vaut mieux être très bon dans certains domaines, quitte à l'être moins dans d'autres. On est d'ailleurs souvent très bon dans ce que l'on aime. Personnellement, j'adore créer, travailler la stratégie marketing. C'est ce qui m'intéresse et me motive le plus. Et c'est là que je suis le meilleur. La gestion très opérationnelle, logistique, qui demande d'être très fiable et rigoureux, m'embête et je n'y suis pas très bon. Pour compenser, je me suis associé avec la personne que je considère être la meilleure dans ce domaine. Au départ, pour être entrepreneur, il faut être un peu couteau suisse, pouvoir toucher à tout, mais rapidement, il faut constituer des équipes polyvalentes, compétentes chacune dans leur matière pour grandir et monter en compétence.

Je pense qu'il est aussi très important d'avoir une bonne gestion de son ego. Pour ma part, j'ai confiance en moi, je connais mes forces, mais aussi mes limites et ce n'est pas un souci pour moi d'en parler. Pour être un bon leader il faut avoir confiance en soi, mais aussi ne pas avoir peur de se tromper. Je peux me tromper dix fois... si je réussis la onzième, c'est ce qui compte.

La seule limite que je me fixe aujourd'hui, c'est le temps. Pour que je sois très compétent, il faut aussi que je puisse avoir du temps pour moi, pour ma famille. Je suis farouchement convaincu que l'équilibre entre vie professionnelle et vie personnelle est primordial.

À mon sens, le facteur clé pour réussir consiste à capitaliser sur ce que l'on aime faire, ce qui ne veut pas dire que l'on peut faire l'économie du travail et de la remise en question. Il faut aussi rester soi-même. Si l'on s'invente un personnage de manager, c'est intenable et ça rend malheureux. Dans la vie, il ne faut pas chercher à prendre LA bonne décision, mais à prendre une décision qui est conforme à nos valeurs. »

Quand nos forces nous portent...

Pour réussir dans une activité, on apprend, on s'entraîne... et chacun d'entre nous dispose d'une marge de progression. Mais on naît tous avec un corps différent, prédisposé ou non pour telle ou telle activité. Si la souplesse, la tonicité se travaillent, nous ne sommes pas égaux quant aux possibilités dont nous disposons au départ. On ne naît pas rugbyman ou coureur de fond, mais on a plus ou moins de facilités pour certaines disciplines.

S'il est important de connaître ses limites pour mieux composer avec elles, il est tout aussi essentiel d'identifier ses forces, les domaines dans lesquels naturellement notre corps se sent plutôt à l'aise. Ces prédispositions innées pourront ensuite être travaillées pour devenir de vrais atouts, susceptibles de nous aider à nous dépasser ou de nous faire accomplir de grandes choses.

BIEN CONNAÎTRE ses forces PERMET D'ACCOMPLIR DE GRANDES CHOSES

Lorsque je regarde en arrière et que je me penche sur mon enfance, je m'aperçois que mon corps portait déjà en germe toutes les facultés que j'ai développées ensuite, et sur lesquelles je m'appuie désormais à l'âge adulte. J'ai par exemple toujours eu des facilités à aborder les gens, à poser des questions, à communiquer. Je n'ai jamais eu peur de m'adresser à quelqu'un que je ne connaissais pas bien pour parler avec lui ou pour exprimer mon opinion. Et aujourd'hui, j'exerce une profession qui s'appuie justement sur mes facultés à communiquer, puisque, au sein du binôme que je forme avec Thomas, nos rôles ont été dès le début bien définis et nous capitalisons chacun sur les sujets dans lesquels nous sommes les plus forts. Une des choses que je gère depuis le début par exemple est la communication de Respire ; je représente la marque en interne et en externe, qu'il s'agisse des réseaux sociaux ou de rendez-vous avec des partenaires d'affaires. Et je le fais avec beaucoup de plaisir, et de succès je crois. Thomas a toujours été beaucoup plus impliqué que moi sur les sujets très business comme le management des équipes, la gestion des recrutements, la stratégie à plus ou moins long terme. Ce sont des choses beaucoup moins visibles aux yeux des consommateurs, mais il excelle dans ces domaines.

Au-delà des compétences qui nous guident vers les choses que l'on préfère faire et dans lesquelles on peut être meilleur que d'autres, il y a l'aspect physique et le mental qui jouent un rôle ! Bien sûr, l'aspect physique se travaille et l'on peut le faire évoluer, mais on part tous avec une base inchangeable comme notre taille, la longueur de nos jambes ou de nos bras...

Me concernant, on m'a toujours dit que j'avais un corps musclé (en effet, petite, je me sentais toujours plus « costaude » que mes coéquipières à la GRS, ça me complexait et pourtant c'était une vraie force). Je sais aussi que j'ai un corps qui assimile facilement les gestes, qui s'adapte à la contrainte, et des muscles qui répondent et se conforment rapidement à ce que je leur demande. Il a ainsi été moins difficile pour moi que cela a pu l'être pour d'autres de courir mes premiers 3, puis 10, puis 15 kilomètres ; même lorsque je suis partie de zéro, mon apprentissage a été relativement rapide et facile. Mes prédispositions m'ont permis d'avoir confiance en mon corps et en ma capacité à aller au bout des objectifs que je me fixais.

J'ai pu me lancer dans des aventures que je n'aurais pas *a priori* cru possibles, et notamment les raids ! Ce sont de grands souvenirs ! Mon premier raid s'est déroulé au Cambodge il y a trois ans, et il comportait une épreuve de canoë – je n'en avais jamais fait de ma vie... Pourtant j'ai accepté de pratiquer cette discipline pour la première fois en compétition, tout simplement parce que j'avais confiance en mon corps : je savais clairement que je ne serais pas la meilleure, mais j'étais persuadée de pouvoir tenir la distance. Je ne m'étais pas spécialement entraînée pour les autres disciplines, pourtant j'étais sûre, grâce à ce que j'avais appris de moi au cours de mes entraînements en course à pied, que j'avais les capacités physiques et l'endurance pour enchaîner cinq jours d'épreuves (12 kilomètres de canoë, 17 kilomètres de course à pied, 2 x 40 kilomètres de vélo, 18 kilomètres de trail). Au fond de moi, je ne me disais pas que j'y allais pour gagner, mais pour participer et être capable d'aller au bout de ces épreuves. Je savais ce que mon corps pouvait encaisser la difficulté, même si au cours de ce raid, je suis allée puiser au fond de moi-même. À chaque instant, à la moindre faiblesse, j'étais capable de faire une pause, d'écouter mon corps, parce que j'avais appris à le faire, et compris à quel point c'est important. Six mois après le malaise du semi-marathon d'Ottawa, j'avais décidé de me concentrer sur le fait de terminer l'épreuve plutôt que de chercher une performance. Cela a été aussi le cas lors d'un autre raid mémorable en Islande en 2020 avec ma Laury Thilleman en coéquipière. Les conditions étaient extrêmes, avec de la neige et une température de -15 °C, et je n'y étais pas spécifiquement préparée. On a couru en raquettes dans la neige, on a même fait du ski de fond pour la première fois !

Si j'ai pu aller au bout de toutes ces épreuves, c'est bien évidemment grâce à la force en équipe et le soutien de Laury qui me portait, mais aussi grâce à mon mental, que j'ai énormément travaillé durant les dernières années.

Il y a une chose que vous devez savoir, c'est que je n'avais aucun mental quand j'étais petite. Je détestais marcher. J'avais à peine 5 ans, dès que mes parents m'emmenaient en balade, je crisais rapidement parce que je ne voyais

Souvenir de la ligne d'arrivée du raid Defi d'Elles avec ma Laury. Cette fierté d'être arrivée au bout est plus forte que tout.

plus la maison, parce que l'on partait trop loin... Je ne sais pas ce qu'il se passait dans ma tête mais je me répétais que je n'aimais pas marcher. Je n'avais aucune volonté, et surtout aucune tolérance à la douleur. C'est assez contradictoire avec toutes les différentes courses que je fais maintenant et l'importance qu'a mon mental dans le fait d'aller au bout des 42 ou 120 kilomètres dans lesquels je me lance.

Aujourd'hui, je connais mon corps, je connais mes forces, comme ma capacité à aller au bout d'une épreuve grâce à mon corps en parfait état de marche et surtout grâce à mon bon mental qui me permet de ne pas avoir peur d'essayer. Je sais aussi qu'il ne faut pas que je me fixe des objectifs de temps trop ambiteux quand je ne suis pas spécifiquement entraînée. Cela implique de mettre mon orgueil de côté, d'accepter de ne pas se focaliser sur le classement ou le temps réalisé, mais de simplement passer la ligne d'arrivée ! Et c'est finalement cela qui me plaît et me motive.

Les tips de l'experte Cécile Neuville

À chacun son éventail de forces ! Au même titre que chaque individu sur cette planète, malgré certaines imperfections et certaines limites, vous possédez aussi de très nombreuses forces ! Voici comment les identifier et les mettre en application dans votre quotidien pour vivre une vie plus épanouie :

✦ Pensez à trois des plus belles réussites de votre enfance, de votre adolescence ou de votre vie d'adulte et identifiez les forces qui vous ont aidé dans chacune de ces réussites.

✦ Pensez à trois de vos plus belles relations actuelles dans votre vie, et identifiez les forces qui vous ont aidé à les créer, les entretenir et les renforcer.

✦ Pensez à trois personnes qui vous aiment sincèrement et demandez-leur de lister vos plus belles forces, vos plus belles qualités, vos plus beaux talents.

✦ Pensez à trois personnes que vous admirez et listez pour chacune leurs plus belles forces, puis demandez-vous lesquelles de ces forces vous avez en commun avec elles.

Vous obtiendrez ainsi un bel échantillon de vos plus belles forces ! Il ne vous reste plus qu'à vous appuyer sur elles dès que vous en avez besoin pour avancer et surmonter les éventuels obstacles...

ÉLODIE CLOUVEL, PENTATHLÈTE DE HAUT NIVEAU, LA DÉTERMINATION

J'ai rencontré Élodie lors des Étoiles du Sport en 2018, et son sport m'a toujours fascinée ; être capable de pratiquer à haut niveau cinq disciplines extrêmement différentes est un vrai talent.

« Ça fait maintenant dix-sept ans que je fais du sport de haut niveau, que je m'entraîne deux fois par jour pour un seul objectif : être championne olympique. J'ai commencé mon parcours par la natation, puis, en 2008, j'ai choisi le pentathlon moderne pour me challenger sur des sports que je ne connaissais pas. Cette discipline a été inventée par Pierre de Coubertin dans l'idée de former le meilleur soldat, le plus complet possible. Elle associe dans une même journée la nage, l'équitation, l'escrime, la course et le tir au pistolet en combiné.

Lorsque j'ai commencé, tout le monde me disait qu'en trois ans et demi, c'était impossible de maîtriser toutes ces disciplines, mais j'ai finalement réussi à me qualifier pour les JO de Londres en 2012. Aujourd'hui, je suis vice-championne olympique à Rio 2016, numéro 1 mondiale, championne du monde en relais mixte, vice-championne du monde, vice-championne d'Europe et quatre ou cinq fois championne de France, ce dont je suis d'autant plus fière que je suis une femme qui a réussi à s'imposer dans une discipline masculine.

Mes plus grandes forces, ce sont ma détermination et ma persévérance. Je ne lâche jamais rien, même dans les moments les plus difficiles où je suis au plus bas. Mon courage me porte aussi, car même quand j'ai peur, il prend le dessus.

Ce que j'aime dans le pentathlon moderne, c'est qu'il y a une vraie complémentarité entre tous les sports qui le composent. Je m'efforce de les aborder en finesse et en douceur et de me servir de chacun pour progresser dans les autres. En équitation par exemple, être à l'écoute du cheval et de mes sensations va me servir en escrime à anticiper le jeu de l'adversaire. Ce travail sur les sensations du corps est pour moi essentiel dans la pratique des cinq sports. J'ai besoin d'être centrée, bien positionnée, bien dans mon corps, ancrée dans l'instant présent. Je considère le sport comme un art, comme de la haute couture. Je me sens comme une actrice qui va créer une performance... et c'est quand je suis dans cette disposition d'esprit que je suis la meilleure.

Je travaille d'ailleurs avec une danseuse et chorégraphe, Armelle Huet van Eecloo, spécialisée dans l'optimisation du geste, l'allongement, la musculation très profonde. Ce type d'approche me permet d'être plus solide dans mes pratiques de force, de réfléchir à tirer parti au mieux de chacun de mes muscles, mais aussi de ne pas épuiser dans un sport ceux dont j'aurai besoin dans le suivant. Pour la course, par exemple, j'utilise davantage mes omoplates pour avoir de la puissance dans mes bras, ainsi que mes fesses pour ne pas charger mes cuisses. J'use de stratégie pour m'économiser. Travailler uniquement avec les muscles utiles me permet d'avoir une technique parfaite. Connaître son corps et l'utiliser avec stratégie, tant en termes de muscles que d'énergie, est hyper important.

En compétition, si je suis bien dans ma tête et dans mon corps, j'arrive à lâcher prise et à entrer dans un état qui me surprend moi-même. Quand j'ai le flow, c'est magique, mais cela ne s'obtient qu'à force de travail et de confiance en soi au quotidien. Pour cela, j'ai besoin de m'entraîner en douceur, pas de m'épuiser ni de me faire du mal. »

Trouver son équilibre

Une fois que l'on a identifié ses forces et ses limites, lorsque l'on connaît son corps et que l'on sait de quoi il est capable, il faut savoir trouver son bon équilibre. Entre la vie pro et la vie perso, le sport et le travail par exemple, mais aussi entre s'entraîner et récupérer, ou entre beaucoup travailler et profiter de la vie. Parce que l'équilibre, c'est ce qui nous permet de nous sentir bien.

Attention, ce n'est pas parce que l'on peut faire beaucoup de choses qu'il faut trop en faire ou s'éparpiller ! Or c'est un risque que nous devons tous gérer. Cela dépend des tempéraments, mais nous avons globalement tendance à vouloir en faire beaucoup… jusqu'à parfois nous épuiser ou nous perdre dans des activités qui ne nous sont pas essentielles.

Ces trois dernières années, il a été primordial pour moi de trouver le juste équilibre entre ma passion pour le sport et l'entrepreneuriat. J'adore cette vie à cent à l'heure à courir partout et faire beaucoup de choses, mais ça a quand même été compliqué de maintenir une pratique sportive relativement intensive au milieu d'une vie professionnelle très chargée !

Durant ma dernière année d'études, je participais à de nombreuses courses et j'adorais ça. Aujourd'hui quand je cours, je sens que j'ai moins d'énergie qu'avant, et que mon corps et mon mental sont même moins disposés à atteindre un objectif ambitieux. Je me sens plus souvent fatiguée, et j'ai moins de temps à accorder aux entraînements, et donc à ma progression : il important de l'accepter. Mais cela n'a pas toujours été simple ! Au début, j'ai surtout ressenti de la frustration en constatant que mon corps n'avait plus les mêmes capacités, qu'il ne pouvait pas tout gérer. Et il était très difficile de compartimenter ma vie entre un travail prenant, des entraînements sportifs nécessaires à mon bien-être, et le fait de passer du temps avec ma famille et mes amis. J'ai dû faire des compromis et prioriser. Fin 2018, c'était le lancement de Respire, j'ai décidé de mettre de côté ma vie sociale au profit de ce lancement, alors les heures que je ne passais pas avec mes amis étaient celles qui me permettaient soit de travailler, soit de me reposer pour récupérer de l'énergie. J'ai dû accepter de moins voir mes amis mais aussi de moins m'entraîner pendant cette période professionnellement chargée. Au lieu de courir quatre à cinq fois par semaine, j'y allais une à deux fois, et pas dans une optique de courir dix kilomètres ou de faire des longues distances. Je me suis mise à considérer la course comme une échappatoire à cette vie professionnelle très intense. Courir est devenu un moment pour moi, un sas de respiration, de réflexion seule avec moi-même. Je le faisais pour me sentir bien et non plus dans le but de m'inscrire à des courses et de connaître de nouveau l'ivresse des lignes de départ. À titre d'exemple, en mars 2018, j'ai couru le semi-marathon de Paris en 1 h 53 alors qu'en mars 2019, je l'ai terminé en 2 h 08. C'est un très gros écart de temps pour un coureur, mais j'avais accepté le fait que mon corps n'était pas capable de tout mener de front.

Cette acceptation, le fait de trouver un juste équilibre, a contribué à mon épanouissement personnel. C'est grâce à cela que j'ai réussi à me concentrer pratiquement à 100 % sur Respire. De l'autre côté de la balance, je me suis aussi toujours imposé des limites dans mon investissement professionnel. Même au plus fort des périodes de lancement produit par exemple, je m'oblige toujours à couper à 20 heures, 21 heures maximum avec tout ce qui peut de près ou de loin avoir un rapport avec mon activité professionnelle, pour faire le vide et pouvoir commencer une nouvelle journée de travail le lendemain matin dans les meilleures conditions. Je n'ai jamais renoncé non plus à prendre des vacances. Même et surtout dans les périodes chargées où j'ai besoin de cette pause physique et mentale. Cela donne souvent des valises faites totalement « à l'arrache » qui font bien rire tout le monde, mais cela fait beaucoup de bien et me permet de recharger les batteries. Et puis une fois passée la première année de mon activité, j'ai pu accorder de nouveau une grande place à ma famille et à ma vie sociale ; aujourd'hui, le sport n'est toujours pas ma priorité, même si je continue bien évidemment

> **PRIORISER ET déculpabiliser PERMETTENT DE SE PROTÉGER SOI-MÊME**

En plein rechargement de batteries.
C'est super important de s'autoriser des
moments de vacances et de déconnexion
pour tenir sur la durée !

à en faire et à me lancer des défis sportifs. Je me déculpabilise en me répétant que mon corps n'est pas capable de tout, et que si je ne veux pas l'emmener au burn-out, je dois m'imposer des limites. Mon coach en management, Jean Philip De Tender (qui témoigne dans la Clé n° 7) m'a énormément aidée à ne pas culpabiliser à propos des choses que je ne peux pas gérer.

Il m'a aidée à compartimenter ma vie selon différentes responsabilités/situations afin que chacune ne m'empêche pas d'être au mieux de ma forme dans l'autre, par exemple la gestion d'un souci pro qui me prenait la tête et m'empêchait de passer un bon moment entre amis. Ces différentes « responsabilités », je les ai listées il y a quelques années, et juste le fait de faire cet exercice m'a permis de compartimenter chaque élément dans ma tête et ainsi mieux faire la part des choses en fonction des situations dans lesquelles je me trouve : situation où je suis la fondatrice de Respire, situation où je suis manager de l'équipe, situation où je fais du sport pour moi, situation où je suis en famille, situation où je passe du temps entre amis ou en couple... Et lorsque je rentre chez moi, je ne suis plus rien pour personne et je deviens quelqu'un d'autre : moi. Un autre de mes maîtres mots : « Déculpabilisation. »

Bien sûr, je vous raconte tout ça du haut de mes 27 ans, sans vie de famille et sans enfant, avec mes contraintes personnelles ; je suis consciente que pour bien d'autres configurations sociales et familiales, les concessions à faire peuvent être encore plus importantes, au détriment très souvent du bien-être personnel.

Les tips de l'experte Cécile Neuville

Comment trouver l'équilibre dans vos piliers de vie ? Les êtres humains ont tendance à tester les limites de tous les possibles avant de trouver enfin un juste milieu, un équilibre dans lequel ils peuvent finalement s'épanouir sereinement. Voici des pistes pour trouver un juste équilibre entre vos différents piliers de vie :

✦ Sur une échelle de 1 à 10, évaluez votre note de confort émotionnel, de bien-être sur chacun des piliers de vie suivants :
- vie amoureuse (situation, émotions, respect, complicité, partages...) ;
- vie sociale (amis, connaissances, vie en société...) ;
- vie familiale (famille d'origine, famille créée, belle-famille...) ;
- vie professionnelle (activité, formations, retraite, ambitions, projets...) ;
- plaisirs personnels (loisirs, passions, détente, bien-être...) ;
- hygiène de vie (alimentation, sport, santé, sommeil...) ;
- gestion du quotidien (gestion du temps, de l'argent, des papiers, des tâches ménagères...) ;
- actions pour le monde (altruisme, citoyenneté, tri des déchets, écologie, générosité...)
- épanouissement personnel (confiance en soi, développement personnel, amour de soi...).

✦ Puis pour chacun des piliers :
- listez tout ce que vous aimez actuellement dans votre vie ;
- listez ensuite tout ce qui pourrait être amélioré pour vous sentir mieux.

YSAORA THIBUS, ESCRIMEUSE DE HAUT NIVEAU, S'AUTORISER À RÉCUPÉRER

J'ai rencontré Ysaora, cette grande escrimeuse, aux Étoiles du Sport et ai tout de suite été frappée par sa passion et son organisation. Être athlète de haut niveau demande un vrai travail sur la recherche de son équilibre...

« J'ai commencé l'escrime à l'âge de 7 ans, en Guadeloupe, après avoir ressenti un vrai coup de foudre pour ce sport, et j'ai aujourd'hui la chance d'avoir des objectifs de médaille olympique.

L'une des premières fois que je suis allée en métropole pour une compétition nationale, j'ai gagné et cette victoire a été une révélation pour moi : je pouvais sortir de mon île et me mesurer à la terre entière. J'y ai pris goût... J'ai été médaillée en junior, je suis entrée très tôt dans l'équipe senior, j'ai fait mes premiers JO à 20 ans, puis j'ai commencé à avoir des médailles internationales et à être dans le top mondial. Dernièrement, j'ai remporté la médaille d'argent aux championnats du monde de Wuxi en 2018.

La recherche d'équilibre est une quête que j'effectue sur plusieurs plans.

Je l'ai d'abord expérimentée lorsque je menais de front des études à l'ESCP, une école de commerce avec des objectifs élevés, et un cursus sportif à l'INSEP, une structure de haut niveau. C'était difficile parce que je devais jongler avec des emplois du temps difficilement compatibles et une charge de travail très lourde. Je me sentais toujours un peu en retard, un peu à bout de souffle. J'ai mis du temps à trouver mon équilibre et j'ai finalement aimé cette vie à cent à l'heure parce qu'elle me poussait dans mes retranchements.

D'une manière plus générale, je crois que l'équilibre de vie évolue en permanence. À l'heure actuelle, je fais beaucoup de sacrifices dans ma vie personnelle pour atteindre mes objectifs sportifs, donc je ne suis pas à 100 % bien dans mon équilibre. Mais je sais où il se situe : je suis une athlète qui a besoin d'être heureuse en dehors du sport pour performer. J'ai pris conscience de ce que je dois faire, ce qui est bon pour moi, m'écouter, et parfois savoir prendre du recul par rapport aux conseils des autres, y compris les coachs. Je m'autorise aussi à prendre des risques, je n'ai plus peur de me tromper ou de sortir des schémas normatifs, culpabilisants. Si j'ai besoin de quelque chose pour me sentir bien, je m'écoute, au lieu d'écouter les autres.

Une psychologue m'a beaucoup aidée à arriver à ces conclusions, Meriem Salmy. Elle m'a appris à ne plus culpabiliser quand je ressentais de la fatigue et à analyser les causes de certains échecs ou incapacités, pour pouvoir progresser. Maintenant, je sais que la récupération fait partie de ma performance. C'est très important car le psychologique conditionne le physique. Le fait de se connaître permet d'avoir quelques repères sur ce qui nous fait nous sentir bien, nous permet de mieux accepter les choses que l'on ne peut pas contrôler et de pouvoir avancer dans la difficulté, l'inconfort, d'accepter l'imperfection.

Récemment je me suis intéressée à l'équilibre physiologique spécifique aux femmes. J'ai travaillé avec des chercheuses et un diététicien de l'INSEP sur l'impact des hormones sur le métabolisme et la performance sportive. Les chercheuses ont récolté plusieurs données sur plusieurs mois notamment sur le sommeil, l'état de forme et l'état psychologique. Le diététicien m'a accompagnée sur les compétitions et lors de tests physiques à différentes phases de mon cycle menstruel.

Combiner tous ces facteurs d'équilibre est un travail individuel passionnant, et qui évolue au fil du temps, avec l'âge. Je suis donc en pleine phase d'apprentissage de moi-même ! »

CÉCILE NEUVILLE

Psychologue

Cécile Neuville dirige un centre de formation et anime un blog en ligne autour de la psychologie positive. Elle est aussi autrice de nombreux ouvrages.

« En tant que psychologue, je m'intéresse depuis près de vingt ans à ce qui contribue au bonheur de chacun, et c'est donc naturellement que je me suis passionnée pour la psychologie positive. Cette science s'intéresse aux différents facteurs et environnements propices à l'épanouissement individuel et collectif. Des chercheurs ont par exemple permis de mettre en lumière les facteurs contribuant à l'épanouissement d'un enfant à l'école, d'un couple durable, des salariés d'une entreprise ou des citoyens d'un pays et du monde.

Parmi les facteurs favorisant le bonheur, la santé positive tient une grande place ! Il s'agit de l'approche de la santé sous un angle préventif et optimiste, c'est-à-dire de mettre en relief les habitudes et les comportements qui contribuent non pas simplement à guérir ou à ne pas être malade, mais aussi à vivre une vie en pleine santé, débordante de vitalité et la plus longue possible dans les meilleures conditions possibles, sur le plan tant de la santé que du bien-être physique, mental et social.

La relation que vous entretenez avec votre santé et votre corps est étroitement liée à la façon dont vous percevez la vie en général, mais aussi à l'image que vous avez de vous-même et à votre état d'esprit du moment. Certaines personnes prennent particulièrement soin de leur corps, donc d'elles-mêmes, de leur vie. D'autres au contraire auraient tendance à le mutiler, traduisant ainsi leur mal-être global et leur manque d'attention à elles-mêmes et à leur bien-être. Prendre soin de votre corps, c'est donc aussi prendre soin de vous-même et de votre vie en général !

Les recherches en psychologie positive démontrent que l'estime de soi joue un rôle important dans votre bien-être et, par estime de soi, il est entendu l'acceptation et l'amour de soi, que ce soit au niveau de votre personnalité ou de votre corps. Accepter et aimer votre corps tel qu'il est, puis en prendre soin régulièrement tout au long de votre vie augmentera votre niveau de bien-être. Mais dans notre culture du corps idéal, il n'est pas toujours évident de s'accepter et de s'aimer tel que l'on est, et les complexes émergent très (trop) vite. Certains se trouvent trop petits, trop grands, trop gros, trop maigres, trop poilus, d'autres rêveraient de changer de poitrine, de nez, d'oreilles, de couleur de peau... Et s'il est possible de changer des habitudes et des comportements pour booster sa vitalité, il n'est pas toujours possible (ni recommandé) de changer ce que la nature nous a offert en nous mettant au monde.

Et si vous preniez le temps d'apprendre à vous connaître réellement ? Et si vous appreniez à découvrir vos forces au moins autant que vos fragilités, à l'intérieur comme à l'extérieur ?

La psychologie positive propose de nombreuses pratiques pour développer **votre attention sur vos qualités, vos forces et vos talents**, afin de les identifier, mais aussi de les développer et d'apprendre à les utiliser dans votre quotidien. Par exemple, un test en ligne gratuit (https://www.viacharacter.org/survey/account/register, sélectionner le test en français) vous permet d'identifier le classement de vos vingt-quatre forces de caractère qui contribuent le plus à votre bonheur et vous invite ensuite à trouver au moins une façon d'utiliser concrètement vos cinq principales forces dans les jours à venir.

La psychologie positive vous invite aussi à **identifier vos limites, vos fragilités et vos imperfections** et propose des stratégies pour apprendre à vivre avec, et même mieux, à être heureux avec ! De nombreuses recherches ont mis en lumière l'importance de la résilience (capacité à agir malgré les difficultés) et le "*coping*" (capacité à faire face, à s'adapter aux aléas de la vie). On associe souvent ces concepts aux grands traumatismes de vie, mais la résilience quotidienne est tout aussi essentielle : comment continuer à vivre, à avancer, à réussir, à se réjouir et à être heureux malgré les déceptions, les imperfections, les imprévus et les complexes, voire à transformer ces difficultés en richesses et y trouver du sens.

Concrètement, en prenant le temps de vous observer, sans jugement, d'observer avec bienveillance vos forces et vos fragilités, tant intellectuelles, émotionnelles, relationnelles que physiques, vous pouvez non seulement identifier ce qui est en mesure de vous aider à atteindre un objectif ou à réaliser un projet ou un rêve, mais aussi préciser les conditions qui seront les plus favorables à cette réussite !

Par exemple, pensez à un projet qui vous tient particulièrement à cœur actuellement (professionnel ou personnel). Puis concentrez-vous sur tout ce qui peut vous aider dans ce projet :
• Lesquelles de vos qualités vous seront utiles ?
• Quels avantages physiques seront de vrais atouts ?
• Sur qui pouvez-vous compter ?
• Lesquelles de vos habitudes vous faciliteront la tâche ?

Concentrez-vous maintenant sur vos points de fragilité ou de vigilance :
• Quels aspects de votre personnalité pourraient vous freiner dans ce projet ?
• Quels aspects physiques pourraient vous ralentir dans ce projet ?
• Lesquelles de vos habitudes pourraient y faire obstacle ?
• Qui ou quoi d'autre pourrait vous limiter dans votre projet ?
• Comment pourriez-vous anticiper et surmonter ces freins ?
• Sur quelles ressources personnelles ou externes pourriez-vous compter pour vous aider à avancer dans votre projet malgré ces freins et obstacles potentiels ?

Finalement, l'essentiel est de trouver un équilibre dans votre vie, sans chercher la perfection ! Faire au mieux avec ce que vous avez, en valorisant et en renforçant ce qui est déjà présent, en identifiant ce sur quoi vous pouvez agir pour améliorer la situation et en acceptant ce qui est immuable, tout en adaptant vos stratégies de façon à continuer à avancer malgré tout ! Tout est question d'équilibre ! »

Clé n° 3

NE TE POSE PAS TROP PAS TROP DE QUESTIONS

Avancer malgré ses doutes

Nous doutons tous. Nous nous posons en permanence des milliers de questions qui nous freinent. Notre cerveau nous envoie des messages pour nous remettre en question... Nos choix sont-ils les bons ? Ce que l'on fait est-il bien ? Ces simples biais peuvent nous empêcher d'avancer si l'on ne trouve pas les clés pour les contrer. Et la peur de l'échec peut aussi tout simplement nous paralyser.

De peur d'échouer, il peut nous sembler plus confortable, plus sûr de ne rien faire. Si l'on n'entreprend rien, c'est sûr que l'on ne risque pas de ne pas y arriver, d'expérimenter la déception ou l'échec. Mais en ne tentant rien, il ne faut pas oublier que l'on a surtout aucune chance de réussir !

Bien sûr, je me suis sentie profondément effrayée par notre propre projet entrepreneurial avant de nous lancer avec Thomas. Il est tout à fait normal et sain d'avoir peur de ce genre de challenge. Avant de me lancer dans l'aventure Respire, ma plus grande peur était de ne pas tout connaître, de ne pas tout maîtriser. Donc ne pas savoir par où commencer ni comment gérer une entreprise, comment lancer une marque, comment réaliser un business plan, de ne pas avoir les contacts, de ne pas bien faire les choses. J'avais peur aussi de décevoir mes proches, mais aussi ceux qui me soutenaient, peur de ne pas être comprise, peur de devoir prendre des décisions...

Prendre une décision est une chose difficile, enfin du moins c'est ce que j'ai ressenti à de nombreuses reprises depuis que j'ai décidé de me lancer dans l'entrepreneuriat. C'est dans ces moments que j'ai ressenti de gros doutes puisque finalement prendre une décision, c'est renoncer à l'un des choix qui s'offrent à nous.

Un exemple d'une prise de décision, à l'origine très simple, à laquelle j'ai été confrontée dans les premiers mois de Respire a été de choisir la couleur de notre premier déodorant... J'ai eu l'impression de me trouver face à une décision terriblement compliquée alors qu'il s'agissait d'une simple couleur ! N'ayant pas l'impression d'avoir la fibre artistique, je ne me sentais pas capable ou légitime de faire les bons choix pour le graphisme, les couleurs, etc. Et pourtant c'est moi et personne d'autre qui était responsable de cette gamme colorée ! J'ai passé plusieurs mois à hésiter sur le ton précis de vert du déodorant Thé Vert et sur le jaune du parfum Citron Bergamote. J'étais terrifiée à l'idée de me tromper ! Pourtant, il n'y avait pas UNE bonne décision, il y avait juste MA décision. Finalement, le plus compliqué était qu'en choisissant une seule couleur, je devais renoncer à toutes les autres. Il m'a fallu accepter cela : décider, c'est aussi fermer des portes, définitivement parfois (même si rien n'est jamais vraiment définitif). De toute façon, pour avancer, il faut prendre des décisions. Depuis que je suis à la tête d'une entreprise de vingt-cinq personnes, j'en prends tous les jours aux côtés de Thomas. Nous devons être capables de le faire rapidement, de nous convaincre nous-mêmes que c'est la bonne, et de savoir justifier nos choix – c'est encore compliqué certaines fois, mais j'y travaille ! L'important est de se lancer. Et aujourd'hui, je suis très fière d'avoir réussi à surmonter ces craintes, même si, à l'heure où j'écris ces lignes, j'ai peur d'écrire un livre, de raconter mon histoire personnelle, j'ai peur du jugement. Il restera toujours une part de doute, mais c'est finalement sain d'avoir des doutes.

De la même façon dans le sport, pour un raid ou une course, avant de partir, de commencer, ou même au moment de s'inscrire, le doute est présent en permanence : « Est-ce que tu vas réussir à aller au bout ? », « Est-ce que ce n'est pas trop difficile pour toi ? » Mais c'est aussi cela finalement, ce qui fait le sel de l'existence, ce qui fait naître l'adrénaline en nous. Cette peur ressentie avant de se lancer dans une course, avant de prendre une décision, c'est aussi une merveilleuse source d'excitation. La question « est-ce que je vais y arriver ? » ouvre tout un champ de possibles, elle rend la vie plus riche. Si l'on avait la certitude de réussir tout ce que l'on entreprend, il y aurait moins de piment et de plaisir à parvenir à nos fins. Le risque d'échouer est toujours présent, mais la possibilité de réussir aussi !

CHARLOTTE SCAPIN, COACH EN DÉVELOPPEMENT PERSONNEL, SE DÉFAIRE DES CROYANCES LIMITANTES

Charlotte m'a séduite par son discours dès que j'ai découvert sa biographie Instagram qui disait « Dégommer sa peur de l'échec ! »

« Après des études de commerce et à la suite de ce que je pourrais appeler un bouleversement quantique intracrânien, je me suis reconvertie dans le coaching et le développement personnel au sein de la structure que j'ai créée, Carbone Theory.

Aujourd'hui, je me suis spécialisée dans le dégommage des croyances limitantes, et mon accompagnement concerne généralement des personnes qui, bien qu'elles aient coché toutes les cases depuis le CM2 et "réussi" leurs études, ressentent un énorme besoin de faire tomber les nombreuses couches d'obligations et de doutes qui les empêchent de vivre, pour laisser émerger leurs envies authentiques.

Moi, ma vie, c'est le doute. Dans mon aventure entrepreneuriale, j'ai l'impression de ne jamais avoir de moment de répit, de ne jamais pouvoir me reposer sur mes lauriers et d'avoir toujours un nouveau challenge à attaquer dès que le précédent se termine. J'ai toujours avancé à l'intuition, mais en me demandant chaque fois si ça allait marcher, si les programmes allaient plaire. C'est peut-être pour cela que je me suis spécialisée dans la confiance en soi. Pour moi, l'atomisation du doute paralysant passe par trois étapes clés :

• La connaissance de soi : il est important de comprendre que chacun a son propre fonctionnement, qui ne ressemble pas forcément à celui de tous les entrepreneurs à succès. Se reconnecter à ses émotions, connaître son échelle de valeurs, identifier ses moments de pic d'énergie dans la journée sont des facteurs essentiels pour pouvoir adapter le projet à la manière dont on fonctionne, sans avoir peur de ne pas ressembler au modèle dominant.

• Le travail sur les croyances limitantes : il s'agit d'identifier les convictions très fortes (généralement héritées du passé, de l'éducation, des expériences...) que l'on a sur les choses et que l'on érige en principes. Il faut comprendre que, de manière inconsciente, notre cerveau nous fait agir en fonction de ces croyances. Il faut absolument transformer les croyances limitantes pour ne plus vouloir être parfait tout le temps, ne pas rester une version réduite de soi-même, pouvoir atteindre ses objectifs.

• Le passage a l'action : il devient possible lorsque l'on se connaît à fond et que l'on a identifié ses croyances limitantes. Tout devient alors simple et possible, à condition de se bouger.

Pour conclure, je dirais que le doute, c'est l'incertitude, une émotion inconfortable, le sentiment d'être bancal, de devoir avancer sur un chemin sans se sentir stable sur ses appuis. Aussi inconfortable soit-il, le doute est à l'origine des plus belles choses que chacun peut créer. »

Les tips de l'expert Adrien Rivierre

Comment se libérer de ses doutes ?

✦ Se dire que, quoi que l'on entreprenne, on n'a pas vocation à être parfait.

✦ Projeter mentalement le meilleur, la réussite. Toute action est une occasion de progresser.

✦ Faire un travail sur la définition de son projet, sur le fond. Être convaincu de ce que l'on entreprend et connaître son sujet sur le bout des doigts.

Casser la barrière du mental

Pour être capable de se lancer, de passer à l'action, il faut arrêter de se poser des questions et décider d'avancer. Nous avons tous en nous les ressources pour casser les barrières que nous impose notre mental, qui nous freinent et nous empêchent d'agir. Pour cela, il faut commencer par identifier nos freins, puis avancer pas à pas vers une plus grande liberté de pensée.

Il y a quelques années, pour réussir à casser ce que je considère comme mes barrières mentales (je vous rassure : il m'en reste de nombreuses, contre lesquelles j'essaie de lutter au quotidien), j'ai décidé une bonne fois pour toutes de m'autoriser à me tromper, à échouer, à tester beaucoup de choses même si je n'ai pas la certitude de savoir les faire. Ce que je me répète pour m'aider à progresser, peu importe l'envergure de l'action, c'est que la bonne réponse n'existe pas. Et finalement, si j'échoue ou si je me trompe, est-ce que cela va vraiment m'empêcher d'avancer ? Quel danger court-on véritablement en se trompant ? C'est toujours très relatif, car on ne risque généralement pas sa vie... Et si ce qui nous empêchait d'avancer était le regard des autres sur nous-mêmes, sur nos actions, sur nos décisions ? Je suis convaincue que réussir à s'en défaire est la clé pour prendre les décisions de manière vraiment libre. Pourquoi se conformer à ce que les autres attendent de nous, à la façon dont ils nous imaginent ?

> **LE PLUS IMPORTANT** est de **S'AUTORISER** À SE TROMPER **ET À ÉCHOUER**

Nous faisons des choix dans la vie qui sont susceptibles de nous offrir de bonnes occasions de carrière, de vie. Les miens ne m'ont pas enfermée dans un cadre, mais ils m'ont emmenée dans une direction. Et à tout moment, je suis libre d'en faire de nouveaux pour poursuivre dans cette voie... ou en changer complètement ! Il est important de s'autoriser à changer d'avis, de chemin, parce que l'on évolue en permanence.

Depuis le lancement de Respire, depuis le malaise vécu lors de mon premier semi-marathon (dont je vous parle dans la Clé n° 2), je me répète qu'en cas d'échec, j'en tirerai toujours un enseignement, un enrichissement, qui m'évitera de reproduire plus tard les mêmes erreurs. Me retrouver étendue sur la pelouse d'Ottawa ne m'a pas empêchée de rebondir et de passer la ligne d'arrivée d'une autre course six mois plus tard ; le plus important n'était pas de réaliser un meilleur temps que les autres mais de passer la ligne d'arrivée, de donner le meilleur de moi-même. C'est à ce moment-là que ma peur de ne pas faire de super temps lors de grandes courses s'est envolée : j'ai pu casser la barrière du mental dans le domaine sportif, et j'ai réussi à m'inscrire à un marathon. L'échec m'a finalement fait avancer.

Le plus important, c'est vraiment de s'autoriser à se tromper, à échouer. S'efforcer de toujours découvrir des choses, de tester même si l'on n'a pas toutes les clés. Personne n'a la science infuse, personne ne sait tout faire. Le principe du *test and learn* est l'une des choses que j'aime mettre en œuvre car cela m'aide à casser ma barrière du mental. Je m'autorise tout simplement à essayer, en ayant en tête que je vais apprendre par la suite. Une des choses qui nous a vraiment aidés, avec Thomas, dès le début de Respire, c'est que l'on s'autorisait à se tromper. Et pour ça, on s'est fixé une « deadline », une date limite pour laquelle on se disait : « Si d'ici à dix-huit mois, le projet qu'on lance ne plaît pas aux consommateurs, ne prend pas et ne fonctionne pas bien, alors il faudra être capable d'arrêter ! » C'était assez ambitieux ! Pourtant cela nous a permis de nous challenger, mais aussi de nous décomplexer, de nous dire que l'on ne risquait pas notre vie. Ce n'était pas un choix définitif. Si cela ne marchait pas, j'avais encore toute ma vie pour trouver une autre orientation professionnelle.

On peut appliquer dans tous les domaines cette technique simple contre la peur d'échouer : se fixer des objectifs successifs raisonnables et atteignables assez rapidement, et ainsi progresser palier par palier. L'essentiel est de trouver la juste mesure : si les objectifs de départ sont trop ambitieux, cela peut être décourageant ; s'ils sont trop faciles, c'est également contre-productif et l'on ne ressent alors pas suffisamment de motivation pour se challenger, ou donner le meilleur de soi-même. Les objectifs à relativement court terme sont dans un premier temps une bonne option, pour, ensuite, voir plus loin.

Dans le cadre de Respire, nous nous fixons bien entendu des objectifs annuels et une vision sur plusieurs années, mais ce que nous suivons au jour le jour, ce sont des feuilles de route à la semaine. C'est beaucoup plus efficace ! Et en ce qui concerne la course à pied, le principe est identique : si l'objectif est de courir un marathon dans quatre mois, on met en place un plan comportant des objectifs progressifs à la semaine.

« Le mieux est l'ennemi du bien » est une phrase que je me répète beaucoup depuis quelques années. Pour moi, elle signifie qu'il faut arrêter d'être trop perfectionniste, sinon on ne se lance jamais. Il me semble suffisant de simplement bien faire, de faire du mieux que l'on peut. La perfection existe-t-elle d'ailleurs vraiment ? Lorsque l'on veut l'atteindre à tout prix, notre mental nous serine en permanence que nos actions ne sont pas à la hauteur, alors on se décourage... et l'on ne fait plus rien. Cela a été très difficile, par exemple, de renoncer à cette perfection, lorsque Thomas et moi avons développé la première formule du déodorant Respire : nous étions allés jusqu'à développer plus d'une cinquantaine de formules, voire plus, et ce pour un seul produit ! Il a bien fallu à un moment être capable d'arrêter les recherches et de dire « c'est bon, cette formule est la bonne, on arrête d'essayer de la perfectionner ». Cela me semble plus simple aujourd'hui, car nous nous sommes organisés avec une équipe responsable du développement produit et une communauté de testeurs Respire « La Ruche Respire », soit plus de deux cents personnes qui testent tous nos produits avant de les lancer sur le marché. Ce qui nous permet d'avoir des avis directement de nos futurs consommateurs et donc de prendre la décision tous ensemble de lancer le produit ou non, ou de le retravailler.

La morale de l'histoire, c'est que notre mental nous envoie toujours des messages disant que nous pouvons faire mieux. Mais il faut réussir à se faire confiance et arrêter de chercher la perfection. Gardons à l'esprit

que peu de choix nous engagent à vie. Nous étudions souvent à la loupe les petits choix qui nous semblent être de terribles dilemmes. On a l'impression que nos décisions vont nous engager profondément et pour toujours, mais c'est très souvent faux. En prenant un peu de hauteur, nous nous rendons compte qu'elles ne sont pas si définitives. Nous pouvons donc agir sans crainte !

Les tips de **Justine**

Pour casser la barrière du mental, voici quelques pistes :

✦ Réaliser que finalement échouer ne pourra que nous apprendre des choses et nous faire évoluer.

✦ Se fixer des objectifs successifs raisonnables et atteignables assez rapidement, et ainsi progresser palier par palier.

✦ Avoir en tête que « *le mieux est l'ennemi du bien* » signifiant qu'à force de chercher le mieux, on devient obsédé par la perfection et l'on se détourne de l'acceptation du bien. Et l'on ne se lance donc potentiellement jamais.

✦ Rencontrer des personnes qui vous inspirent et échanger avec elles sur leur parcours.

✦ Écouter des podcasts pour s'inspirer des expériences partagées.

Mes podcasts préférés :
• *Le Gratin* de Pauline Laigneau
• *La Leçon* de Pauline Grisoni
• *Inpower* de Louise Aubery
• *Histoires de Succès* de Fabrice Florent
• *Dans la tête d'un coureur* de Guillaume et Fred
• *Ma passion mon job* de Célia Leduc

ALEXANDRE COUILLON, CHEF ÉTOILÉ, ET SA FEMME CÉLINE, LA PERSÉVÉRANCE ET LE LÂCHER-PRISE

Partant en vacances à Noirmoutier depuis toute petite, j'ai eu l'occasion de découvrir en famille le délicieux restaurant étoilé d'Alexandre : *La Marine*. Alexandre et sa femme Céline sont les fondateurs d'un lieu très prisé et ça n'a pas été si facile d'en arriver là aujourd'hui...

« Après un parcours classique en hôtellerie-restauration et un apprentissage chez les compagnons du Tour de France, ma femme Céline et moi-même avons repris en 1999 le restaurant *La Marine*, une affaire familiale créée par mes parents dans les années 1980.

Les débuts ont été difficiles. Céline était seule en salle pour cinquante clients, et moi seulement accompagné d'un cuisinier. Nous avions décidé de proposer une cuisine très traditionnelle sans identité particulière afin de passer les hivers et de rentrer dans nos frais. Notre idée et notre engagement étaient de cuisiner des produits frais et de nous approvisionner de la manière la plus locale possible. Mais cette cuisine fraîcheur avait un coût, et les afflux de clients étaient trop irréguliers : beaucoup de monde le week-end mais plus personne en semaine, des saisons d'été trop courtes... des hivers trop longs.

Nous avons persévéré dans cette direction, sans baisser les bras. Nous sommes restés ici à Noirmoutier, libres. Nous étions jeunes et un peu insouciants.

Au fil des années, nous avons reçu une certaine reconnaissance des médias, le bouche-à-oreille s'est développé et les guides ont commencé à nous suivre.

Et début 2007, un matin de février, notre restaurant *La Marine* rejoint ce cercle très fermé des étoilés avec son premier macaron Michelin. En 2008, le guide Gault & Millau nous a mis à l'honneur pour un titre de "Grand de demain".

La naissance de nos deux filles a été un facteur très important vers un certain lâcher-prise. J'ai cherché à gagner un peu de temps pour ma vie privée et cela nous a conduits à nous entourer d'artisans fabuleux qui vivent à notre porte.

En 2008, nous avons ouvert un second restaurant, un bistro proposant une cuisine locale, simple et bon marché, et déplacé *La Marine* dans un nouveau décor plus contemporain. Cela signifiait adapter nos équipes, notre organisation, pour proposer deux styles de restauration sous le même toit avec toujours le souci d'une cuisine de qualité.

Voilà maintenant vingt-deux ans que nous sommes ici, chez nous. Nous avons évolué ensemble, ma femme et moi, car nous sommes très complémentaires. La maturité nous a construits. Nous avons créé une identité très forte dans notre restaurant *La Marine*, honoré aujourd'hui de deux étoiles et d'un titre de "Cuisinier de l'année" en 2007 (Gault & Millau). Notre cuisine est une cuisine de saison tournée vers l'avenir, saine et utilisant des produits respectueux de l'environnement. Les poissons arrivent chaque matin d'en face (la criée est à cinq mètres) ; une bonne partie de nos légumes est cultivée dans notre potager.

Nous avons ouvert il y a quatre ans un hôtel de cinq chambres, *La Maison Moizeau*, afin de compléter l'offre du restaurant, et nous sommes sur le point d'ouvrir une boutique d'alimentation locale. L'aventure continue ! »

Se faire confiance

La confiance en soi est un ressort dont on entend beaucoup parler… Elle constitue une des clés de l'action et donc de la réussite. Si elle préexiste à différents degrés en chacun de nous, personne ne naît avec une confiance en soi à toute épreuve. Elle se travaille, se cultive, elle peut se perdre aussi. Il faut savoir en prendre soin.

Qu'est-ce que la confiance en soi ? C'est être capable de se valoriser et d'être fier de ce que l'on a accompli. C'est savoir que l'on est capable d'accomplir encore beaucoup de belles choses. C'est réussir à s'aimer et à faire taire (ou à ne plus trop écouter) les petites voix du doute.

La confiance en soi dépend aussi beaucoup de l'éducation que l'on a reçue, de l'enfance que l'on a vécue, de la manière dont nos parents, nos professeurs, notre entourage nous ont encouragés et soutenus. Les apprentissages de l'enfance modèlent la perception que nous avons de nous-mêmes, de notre valeur, de notre potentiel, de notre capacité à réussir. Chacun entre ainsi dans l'âge adulte avec un certain capital de confiance.

Mais rien n'est jamais perdu ni acquis dans ce domaine ! La confiance se travaille toute la vie. Il faut la bichonner car c'est elle qui va nous donner le pouvoir d'agir, d'assumer nos choix, de nous affirmer. Elle peut se perdre à la suite d'une trahison, une déception. Elle ne tient parfois qu'à un fil…

Même si mon éducation m'a toujours apporté une bonne dose de confiance en moi dans mon enfance et dans ma vie de jeune femme, j'ai clairement le sentiment d'en avoir beaucoup plus aujourd'hui que lorsque j'avais 16 ans. Et je crois que l'un des éléments déterminants a été mon choix de faire mes études supérieures au Canada francophone. J'y suis partie à 18 ans et y suis restée cinq ans. Dès ma première année d'études, j'ai été bluffée et conquise par la confiance que les Québécois semblent avoir naturellement en eux. Ils assument davantage leurs choix de manière totalement décomplexée, sans craindre de les exprimer devant les autres. Au lycée, en France, j'ai toujours eu le sentiment que les élèves n'osaient globalement pas lever la main pour prendre la parole, de peur de se tromper (et je faisais partie de ces personnes qui ne lèvent pas la main si elles ne sont pas sûres à 100 % de leur réponse). Ce n'est pas le cas au Canada. En vivant au milieu de ces étudiants très à l'aise devant leurs camarades, en baignant dans cette atmosphère détendue, je crois que leur confiance m'a en quelque sorte contaminée ! D'ailleurs, dans le cadre d'un cours génial à HEC Montréal intitulé « Améliorer ses présentations orales », je devais travailler chaque semaine un cas concret en équipe et faire une présentation orale structurée, claire et dynamique devant toute la classe pour défendre notre point de vue. Cela m'a forcée à assumer mes idées en les exposant à l'oral face à une audience qui me jugeait précisément sur ma manière de les exprimer. Bien évidemment, au départ, j'étais plutôt tendue... Même si la prise de parole a toujours été assez naturelle pour moi, je ressentais de la peur et du stress lorsque je devais m'exprimer devant plusieurs personnes. Mais mon professeur René et les autres étudiants ont su me mettre à l'aise et je me suis rendu compte que, finalement, j'adorais parler devant un auditoire. J'ai acquis beaucoup d'aisance, apprenant à me faire confiance, à utiliser le langage non verbal, qui est extrêmement important pour communiquer efficacement. J'ai assimilé les clés qui me servent aujourd'hui chaque jour : réussir à capter l'attention de l'auditeur, sentir s'il est réceptif à ce que l'on dit, accrocher son regard, ne pas baisser la tête, sourire, parler fort, maîtriser son sujet... Quand on se sait écouté, on se sent important d'une certaine manière et l'on prend ainsi confiance. C'est un cercle vertueux.

C'est un peu le même processus dans le domaine sportif. Quand je me suis lancée dans la course à pied, je ne savais même pas si j'allais réussir à courir mes premiers trois kilomètres ! Alors tenir sur des distances comme celle d'un marathon me semblait tout simplement inaccessible ! Mais ce qu'il y a de bien avec le doute, c'est que lorsqu'on le fait tomber, il conduit directement à la confiance en soi. Et pour cela, il faut agir : en l'occurrence, je n'ai eu qu'à enfiler mes baskets. Lors de mon premier mois de course, je me suis aperçue qu'avec un peu d'efforts, je réussissais à atteindre les objectifs successifs que je me fixais. L'occasion de faire le plein de fierté et de confiance pour la suite : petit à petit, mes performances se sont améliorées et de courtes distances en plus longs *runs*, j'ai finalement réussi à passer les lignes d'arrivée de semi, puis de marathons. À chaque étape, mon mental m'aidait à assimiler que c'était possible, que c'était bien moi qui avais accompli cette performance. Je m'autofélicitais d'y être arrivée, me répétant que c'était bien réel, que j'avais réussi ; je me sentais alors capable de faire beaucoup d'autres choses. La confiance, ça se travaille, et lorsque l'on est pris dans cette spirale positive, tout devient possible ! À tel point qu'à peine mon premier marathon terminé, je me suis inscrite pour le Half Marathon des Sables, un ultra-trail (d'une distance trois fois supérieure) ! Plus on a confiance, plus on a envie de se fixer des objectifs élevés.

Si le fait de cultiver sa confiance en soi de manière individuelle est important, il ne faut jamais oublier qu'elle progresse aussi grâce à l'entourage. Lorsque ma confiance vacille, les personnes bienveillantes qui m'entourent ont l'immense pouvoir de me rassurer et de m'aider à calmer mes doutes. Au-delà de mon cercle familial et amical, les milliers de personnes qui m'ont félicitée pour le lancement de Respire et qui me soutiennent jour après jour me donnent beaucoup de force. Et je ne parle pas de la confiance de mes équipes, de Thomas, de nos partenaires, de nos consommateurs, chaque jour... C'est tellement précieux !

La confiance est une vertu contagieuse, et dans ce domaine, Thomas est d'une très grande générosité... La confiance qu'il a en lui-même rejaillit sur moi depuis que nous travaillons ensemble. Et parce que j'ai confiance en lui, cela me donne confiance en moi. Ensuite, par un effet ricochet, nous sentons aussi que cette attitude positive influence notre équipe tout entière : le fait d'assumer pleinement nos choix booste nos collaborateurs, ils ont plus confiance en nous, et en eux. C'est un cercle vertueux. Il faut simplement souligner que cette dynamique est possible si l'on s'entoure de personnes qui nous renvoient une image positive de nous-mêmes et qui nous aident à faire les bons choix. Il est important de mettre à distance les individus aigris, nocifs ou qui font douter. Je préfère toujours discuter avec ceux qui voient le verre à moitié plein plutôt qu'à moitié vide ; la bienveillance est très importante pour entretenir sa confiance !

Enfin, je suis persuadée que la confiance s'apprend tout au long de la vie. En exerçant mes fonctions de management, j'ai le sentiment de progresser chaque jour dans ce domaine. Chacun dirige à sa manière, et c'est au fil des expériences, des essais et des erreurs que l'on trouve la meilleure voie pour soi, et donc que l'on gagne en confiance. Bien sûr, on rencontre en permanence de nouveaux challenges, de nouvelles difficultés (par exemple, actuellement, ce serait le fait de manager des gens plus âgés que moi), mais si l'on arrive à passer au-dessus de ces difficultés, elles nous font progresser davantage dans notre pratique professionnelle tout en améliorant notre confiance. Un jour, une personne de notre équipe nous a demandé : « Comment est-ce que vous faites pour tout savoir, avec Thomas ? » Bien évidemment, nous ne savons pas tout, mais nous avons confiance dans nos décisions et dans les avis que nous donnons. Nous avons aussi conscience de ne pas être parfaits et de faire des erreurs, de ne pas tout savoir, mais nous sommes intimement persuadés que notre confiance, justement, nous permettra toujours de rebondir.

Une chose qui nous aide beaucoup depuis les débuts de Respire, est d'avoir instaurer dans l'équipe la « culture du feed-back », ce qui signifie organiser régulièrement (une fois par mois) des sessions entre n-1 et n+1 permettant ainsi d'en donner dans les deux sens : des feed-backs d'améliorations et positifs. Les retours positifs permettent d'avoir davantage confiance dans ce que l'on fait de bien, et les conseils d'amélioration permettent eux de nous faire évoluer. J'accorde beaucoup d'importance à ces points feed-back car ils m'ont beaucoup aidée depuis les débuts de Respire, j'ai beaucoup appris grâce à mon équipe (souvent plus expérimentée que moi), et j'ai le sentiment que c'est un point que tout le monde valorise dans l'équipe.

Les tips de l'expert Adrien Rivierre

Comment gagner en confiance ?

✦ Pratiquer, travailler, essayer.

✦ Demander à des personnes que l'on connaît, des collègues bienveillants de donner des retours constructifs sur ce que l'on entreprend, sur ce que l'on fait. Qu'est-ce que tu as trouvé très bien chez moi ? Un peu moins bien ? Accueillir ce feed-back est toujours fructueux pour progresser.

✦ Observer les autres, les écouter et voir chez eux ce qui nous plaît, ce qui résonne en nous. Aller poser des questions, « comment tu as fait ? », pour casser le mythe de la réussite facile, essayer de comprendre comment ceux que l'on admire ont progressé, travaillé, pour avancer sur leur propre chemin.

GUILLAUME LACROIX, COFONDATEUR DE BRUT, LA CONFIANCE ET L'EXPÉRIENCE

Guillaume est le fondateur d'un média numérique connu mondialement, Brut. Je l'ai rencontré au tout début de Respire et je me suis toujours dit qu'il fallait une certaine confiance pour créer un média de cette ampleur…

« Brut est aujourd'hui un média social présent à travers le monde qui fait deux milliards de vidéos vues et rassemble 300 millions de personnes par mois. Nous sommes engagés sur les grandes valeurs de la jeunesse mondiale et avons pour but de créer un écosystème global de maîtrise de l'information, de l'*entertainment* aux réseaux sociaux et à la VOD.

Cette réussite, je la dois au départ à une éducation basée sur la confiance et le respect de mes envies profondes, de mes passions. Parce que j'adore le snow, je rêvais d'être barman à Chamonix. Ma mère a su entendre ma passion : elle n'est pas allée contre ma volonté mais m'a plutôt gentiment conseillé d'aller à Sciences-Po Grenoble, pour avoir la neige tout près. Par miracle, j'ai eu le concours d'entrée et je me suis donc installé à Grenoble, où j'ai noué des amitiés extraordinaires.

J'ai commencé par faire des piges pour la presse et, rapidement, j'ai pu créer un magazine de snowboard mensuel. Je suis devenu l'envoyé spécial sur ces sujets pour France TV.

En 1999, en boîte de nuit, j'ai rencontré le grand patron de TF1 qui m'a dit, à 4 heures du matin, "j'ai besoin d'un mec comme toi". J'y ai appris mon métier sur le tas pendant dix ans. Je suis devenu rédacteur en chef, puis producteur. J'ai créé *50 minutes inside* et discuté avec Jean Dujardin, avec qui j'ai produit un film. J'ai monté Studio Bagel, la plus grande chaîne d'humour en Europe, vendue ensuite à Canal. Puis j'ai rencontré Renaud Le Van Kim, avec qui j'ai fondé Brut.

Finalement, j'ai vécu tellement de rebonds et de rencontres successives que j'ai une très grande confiance en la vie. Quand on a la chance de pouvoir s'écouter et se faire confiance, un cercle vertueux se met en place, qui est extrêmement puissant. Et puis surtout, il ne faut pas avoir peur de se tromper. Aujourd'hui, les réseaux sociaux sont un appel à essayer : si l'on se plante et que personne ne regarde, ce n'est pas grave (à part pour le temps passé et perdu).

Il arrive que, malgré des signaux convergents, on s'autopersuade que ça va marcher, par excès de confiance, en se disant "moi, je sais, moi, je sens les trucs". Le *wishful thinking,* c'est la meilleure manière de se planter. Mais ça non plus, ce n'est pas grave.

Être entrepreneur, ce n'est pas avoir confiance dans le résultat mais dans le chemin. Le fait d'entreprendre amène forcément vers quelque chose d'intéressant, même si ce n'est pas là où tu voulais aller.

Je me sens parfois un peu schizophrène : je fonce et en même temps je me pose un milliard de questions. Je suis un faux cool parce qu'il y a beaucoup de choses qui me stressent. Mais cette émotivité me permet de mûrir rapidement et de prendre des décisions très vite. Je me fais confiance donc, quand j'ai des instincts, j'y vais. Renaud dit que je suis un attaquant de pointe. Lui, c'est le numéro dix derrière, qui tente d'organiser et doit parfois défendre beaucoup.

Il y a deux choses importantes qui me redonnent confiance lorsque j'ai une baisse de moral : avoir un associé et rire. Avec Renaud, on s'est toujours marré. Et puis avec l'expérience, j'apprends un peu à ne pas paniquer. Sinon, je fais aussi toujours confiance au sport de glisse pour évacuer le stress. Et au sport en général, que je pratique tous les jours. »

Se soutenir entre femmes et se sentir soutenues par les hommes

La place des femmes dans la société est un grand sujet, dont on entend à juste titre beaucoup parler actuellement. Les inégalités hommes-femmes sont au centre des débats, ainsi que le fameux girl power, ce soutien si fort entre femmes. On peut se sentir plus ou moins concerné par ces questions, mais une évidence demeure : les femmes doivent pouvoir s'exprimer pleinement et librement tout autant que les hommes, quel que soit le milieu dans lequel elles évoluent.

J'ai envie d'aborder ce sujet de la place faite aux femmes parce qu'il me tient à cœur. Le fait d'être un homme ou une femme dans notre société a des conséquences différentes sur nos barrières mentales, sur notre façon de gérer nos priorités, sur notre vision du monde, sur nos choix, sur nos décisions. Les inégalités en matière de droits des femmes existent et perdurent à travers la planète ; en France, pays dans lequel les lois sont censées ne pas faire de distinction entre les genres, il ne devrait plus y avoir de blocages. Les femmes et les hommes sont égaux. Point.

Cette conviction fortement ancrée en moi tient sans doute au fait que j'ai été entourée de femmes et d'hommes entrepreneurs dans ma famille. La place des femmes a donc toujours été valorisée dans mon éducation, sans faire de différence avec celle des hommes. Ma grand-mère paternelle a repris la direction de l'entreprise artisanale que son père avait créée sans aucune structure administrative pour la transformer en une véritable industrie. Elle travaillait dans un secteur essentiellement masculin et elle riait beaucoup lorsque, au téléphone, un interlocuteur lui disait « passez-moi votre patron, j'ai deux mots à lui dire ». Elle dirigeait seule cette entreprise, avec beaucoup d'assurance. Ma tante Aline et mon père ont pris la suite de ma grand-mère pour diriger et développer cette entreprise familiale industrielle, de transformation de véhicules utilitaires.

Ma grand-mère maternelle, elle, a fait preuve d'une grande indépendance et a toujours fait ce qu'elle aimait : du stylisme. Dans les années 1990, elle a monté seule, à Paris, une boutique de revente de vêtements de seconde main. Je l'admire pour le courage qu'elle a eu.

Au-delà de ces considérations générales, il me semble important de se faire confiance en tant que femme, dans toutes les sphères de notre vie. Nous avons toutes notre place au même titre que les hommes. Cependant en raison de la culture et de l'éducation patriarcales dans lesquelles baigne notre société, nous les femmes osons moins souvent nous imposer que les hommes, nous avons beaucoup plus de doutes. Nous avons tendance à nous mettre mille fois plus de barrières mentales, à avoir peur de l'échec et du regard des autres. Je le constate personnellement tous les jours parmi les jeunes entrepreneurs et entrepreneuses que je rencontre sur le point de se lancer, ou même au sein de mon équipe (composée de dix-huit femmes et de six hommes), par exemple dans le cadre de prises de décision ou de négociations. Les femmes n'ont souvent pas la même façon d'entrer en relation avec les gens, d'exprimer leur avis. À mon sens, nous devons cultiver cette différence, car c'est d'elle que naissent la richesse de nos points de vue et notre force, mais il ne faut pas que l'on hésite à nous assumer et à assumer nos idées. Et puis nous sommes capables de nous donner mutuellement une force immense, quasi communautaire, alors profitons-en ! Nous devons nous soutenir et nous faire confiance. J'essaie de m'appuyer sur ces tendances positives pour qu'il y ait une véritable égalité femmes-hommes dans ma vie, dans ma famille et même dans mon entreprise (composée de femmes en majorité, j'adorerais recruter plus d'hommes, mais le milieu de la cosmétique attire plus de femmes).

Et à titre personnel, je m'efforce de donner le meilleur de moi-même sans rien renier de ce que je suis en tant que femme, tout en me faisant respecter en tant que personne et dirigeante d'entreprise.

Évidemment, j'ai essuyé des remarques sexistes, du mépris, des tentatives de déstabilisation de la part de certains hommes. Ces attitudes m'ont affectée et ont pu me faire perdre confiance ponctuellement dans mes relations avec ces personnes. Mais depuis que je me suis lancée, je me sens bien à ma place de femme entrepreneur, là où j'ai envie d'être, peu importe que cela soit au milieu d'un secteur dirigé en majorité par des hommes. Personne ne m'empêchera d'affirmer mes choix, de m'assumer. Je ne me sens absolument pas dévalorisée, au contraire, car encore trop peu de femmes osent se lancer dans l'entrepreneuriat ; et je me sens donc encore plus portée par cet élan. Et puis les femmes et les hommes qui m'entourent m'ont donné beaucoup d'assurance pour développer mes idées. La première vidéo qui a percé sur les réseaux sociaux (3 millions de vues) me montrait en train de prendre la parole pour exposer mon projet. J'ai osé m'exprimer publiquement et en faire une marque très incarnée. Étrangement, beaucoup de personnes m'ont dit que, parce que j'étais une entrepreneure femme, elles avaient été beaucoup plus intéressées par ma démarche et par les valeurs que je défendais. Encore aujourd'hui, Thomas et moi sommes persuadés que si c'était lui qui avait incarné la marque, tout aurait été complètement différent.

Pourtant aujourd'hui encore, il m'arrive, même si c'est assez rare, d'être déstabilisée par des attitudes machistes. Récemment, je préparais un rendez-vous important avec un homme qui travaille depuis longtemps dans l'industrie... Avant de le rencontrer, j'ai reçu via les réseaux sociaux un message d'une femme qui m'informait d'une prise de position de cet homme à mon propos. Il avait dit avoir hâte de me rencontrer mais affirmer que si mon entreprise marchait aujourd'hui, c'était juste parce que j'étais « jolie » et parce que j'avais un associé homme qui « tenait le business ». Cette prise de position m'a rendue très anxieuse car je me suis sentie vraiment dévalorisée. J'avais le sentiment de devoir prouver quelque chose à une personne que je ne connaissais pas... et qui ne me connaissait pas ! Malgré mon stress, et le peu d'empressement que j'avais à l'idée de rencontrer une personne dont la tête était pleine d'idées sexistes, l'échange s'est finalement bien passé ; même si je n'avais rien à lui prouver, il m'a semblé l'avoir fait changer d'avis sur la façon dont Thomas et moi dirigeons la marque ensemble.

Le 9 septembre 2021, le soir de la remise du prix Entrepreneure de l'année. C'était une merveilleuse surprise, c'est ce qui contribue à me donner encore plus confiance en moi et à me rassurer sur ma place d'entrepreneure dans la société.

C'est une anecdote isolée, mais qui m'a donné l'occasion de ressentir de manière personnelle les dégâts que peut causer le sexisme, à quel point les hommes se permettent de rabaisser les femmes et combien ces attitudes peuvent nous faire perdre confiance. J'aimerais que nous puissions toutes nous assumer, nous valoriser. Osons nous lancer ! Osons être nous-mêmes !

Bien sûr ce texte est tout autant adressé à vous, les hommes pour que vous aidiez les femmes à avoir davantage confiance en elles. Je compte sur vous, on a besoin de vous pour faire changer les mentalités ! Et merci à tous ceux qui partagent déjà mon avis.

Les tips de l'expert Adrien Rivierre

Mesdames, libérez-vous du regard des autres ! Clara Gaymard dit souvent : « Si vous êtes là et que vous avez envie de le faire ou de le dire, vous n'avez pas à demander la permission. »

✦ Si l'on veut avoir son propre style, pas de souci, il faut y aller.

✦ Dans la majorité des cas, on ne joue pas sa vie. Si oser, passer à l'action paraît angoissant, très difficile, il faut se dire que tout se passera bien.

✦ On est sur un chemin qui permettra de plus en plus de libérer la parole et l'action des femmes. Plus elles agiront, plus nous avancerons tous ensemble.

✦ Il faut s'enlever l'idée de perfection de la tête. On peut exister sans être Michelle Obama. C'est normal de ne pas être parfaite, de continuer de progresser.

CHLOÉ BONNARD,
DU COLLECTIF LES NANAS D'PANAME,
LA SORORITÉ

Chloé est une vraie artiste et leadeuse de communauté. Elle est convaincue que les femmes peuvent se donner beaucoup de forces entre elles (et ça marche plutôt bien).

« Je me définis comme engagée avant tout, femme, photographe, entrepreneuse et maman. Je n'ai pas fait d'études, je n'ai jamais été en CDI, je suis autodidacte, j'ai fait beaucoup d'erreurs de parcours qui m'ont énormément appris, je suis une femme de terrain qui teste beaucoup.

L'art est pour moi au centre de mes actions, la photographie plus précisément, et je me sers de cet art pour casser les codes depuis mes 16 ans.

Le point clé pour moi a été de devenir maman : c'est là que j'ai vu plus loin, que j'ai voulu me consacrer à une cause et donner du sens à ma vie. Mon enfant m'a appris à prioriser. J'ai été mère avant d'être femme et mon fils m'a donné la force de monter mon entreprise pour aller au bout de mes rêves. À partir de là, tout s'est aligné : je me suis formée dans un incubateur en six mois, j'ai trouvé mon associé actuel, Édouard Couturier, un humaniste invétéré avec qui j'ai créé notre entreprise qui découle directement du collectif qui existait déjà depuis quelques années. Aujourd'hui, je continue de fédérer le collectif, de recruter de nouvelles femmes inspirantes et je suis directrice de création.

Le projet des Nanas d'Paname est né de mon ressenti. Quand j'ai débarqué à Paris de ma Suisse natale, j'ai décidé de poser mes valises dans cette ville débordante de créativité ; je ne connaissais personne et j'ai vite trouvé que l'ambiance était très individualiste, et pire, que les femmes avaient tendance à se tirer dans les pattes plutôt que de s'entraider. Cette idée m'était insupportable. J'ai donc décidé de m'entourer de femmes bienveillantes, afin que l'on puisse se porter les unes les autres vers le haut et créer des projets ensemble pour faire bouger les lignes sur des sujets de société. J'avais aussi vite compris que le réseau était la base de tout et qu'il fallait bien s'entourer. Partant de rien et étant photographe de métier, je me suis servie de l'art pour faire de nouvelles rencontres, me faire connaître et proposer une autre image de la femme, belle dans sa différence.

Chaque membre a son portrait qui signe son entrée officielle dans le collectif. C'est comme ça que l'on s'est fait connaître, et ces portraits sont devenus une véritable signature à la fois impertinente et avant-gardiste. Chaque femme qui fait partie du collectif est porteuse d'initiatives fortes, a cette volonté de faire de ce monde un monde plus juste. Car oui, je suis convaincue qu'ensemble, on est plus fortes. L'esprit de sororité est un pouvoir puissant. L'union est une force, l'union fait la force. »

Écouter ce déclic et foncer !

L'instant où tout bascule et où l'on décide véritablement de se lancer dans un projet, une activité, une nouvelle idée, un sport coïncide avec le fait de sentir en nous que le temps est venu, que la réflexion est arrivée à son terme, qu'il faut y aller, que quelque chose est à l'œuvre en nous qui fait que l'on ne peut pas ne pas se lancer... Encore faut-il être capable d'écouter ce déclic et de le concrétiser.

L'instinct est une petite voix intérieure qui nous dit de prendre un chemin de vie plutôt qu'un autre, qui nous pousse à accepter ou refuser, qui nous convainc d'y aller ou de ne pas y aller... Lorsqu'un projet qui nous tient à cœur nous trotte dans la tête, on y pense jour et nuit, on se sent à la fois effrayé et excité. Dans ces moments-là, je crois qu'il faut avant tout s'écouter. On a parfois l'impression d'hésiter, de ne pas réussir à choisir, mais tout au fond de soi, en vérité, on sait. On a simplement très peur de se l'avouer, parce que cet aveu risquerait de nous obliger à franchir le pas, à basculer dans l'action.

Je crois que lorsque l'on sent cette certitude au fond de soi, il faut foncer. Et même si, sur le papier, il y a beaucoup de points dans la colonne « contre », si l'on a très envie d'y aller, il faut y aller. À la fin de mes études, je me suis trouvée face à un choix crucial qui m'a paralysée pendant des semaines. On me proposait un CDI bourré de qualités : le poste était intéressant et il m'offrait une rémunération attractive, la sécurité et des perspectives en termes d'évolution de carrière. Mais en parallèle, l'idée de monter une marque de cosmétiques naturels et de me lancer dans l'entrepreneuriat me taraudait. Je ne me sentais pas forcément prête, un certain nombre de voyants semblaient être au rouge, mes proches me poussaient plutôt vers l'option « raisonnable » du CDI.

J'ai beaucoup douté, hésité, fais trois pas en avant, quatre en arrière… avec au fond de moi une envie folle de choisir l'option *a priori* déraisonnable. Un jour, j'ai voulu annoncer à Thomas que je n'allais pas me lancer, en lui expliquant que ce n'était pas le moment, que j'avais trop de doutes. Mais, en parlant avec lui, en voyant à quel point il était profondément enthousiasmé par le projet, j'ai compris que, finalement, moi aussi ! J'avais changé d'avis en l'espace d'une heure. Je lui ai dit « je me lance » en décidant de manière ferme et définitive d'écouter ma petite voix.

> **ÉCOUTEZ VOTRE petite voix INTÉRIEURE QUI VOUS DIT DE FONCER !**

Mais c'est peut-être la discussion avec mon coach sportif de l'époque, Samuel, qui a contribué à faire pencher la balance du côté de l'entrepreneuriat… À la fin d'un entraînement, je lui avais exposé les deux choix qui s'offraient à moi. Par les mots et le ton que j'employais pour en décrire les avantages et les inconvénients, je sentais que je m'orientais davantage vers le CDI, le choix finalement de la facilité. Pourtant, il m'a dit : « Tu veux donner l'impression de pencher pour la sécurité… mais c'est quand tu parles de ton projet entrepreneurial que tu as des étoiles dans les yeux. » Et il avait raison. J'avais très envie de me lancer et de ne pas passer à côté d'une très belle occasion, même si je redoutais de sortir de ma zone de confort. Cette discussion a eu l'effet d'un déclic et je n'ai jamais regretté le choix qui s'est ensuivi ; car lorsque l'on tient un projet qui nous fait rêver, le genre « qui nous met des étoiles dans les yeux », il faut se lancer et mettre ses doutes de côté. Encore plus s'il porte des valeurs profondément ancrées en soi.

C'était le cas pour moi : à la suite de ma tumeur bénigne, j'ai eu envie de créer des produits sains pour le corps, sans ingrédients controversés, dans lesquels on pouvait avoir confiance ; de monter une activité en lien avec mes valeurs, qui me donne le sentiment d'apporter quelque chose à la société. Bien sûr, je n'ai pas la prétention de changer le monde ni de sauver la planète avec des déodorants, mais ce projet d'entreprise était celui qui résonnait le plus et qui me permet aujourd'hui d'être en lien avec mes aspirations profondes, de me sentir alignée avec moi-même, de travailler dans une direction qui a du sens pour moi.

Dans le domaine du sport, le déclic qui m'a conduite à essayer la course à pied est beaucoup plus « soft », dans le sens où il s'avérait moins engageant pour la suite de mon existence. Pourtant me lancer dans cette petite aventure n'était pas si facile non plus ! Car il faut quand même beaucoup de motivation pour entreprendre un programme d'entraînement et s'y tenir. Les déclics qui peuvent nous amener à pratiquer un sport peuvent découler d'une volonté de perdre du poids, de se sentir bien dans son corps, de découvrir de nouvelles activités, de sortir de sa zone de confort, de vouloir comprendre pourquoi d'autres personnes aiment cette discipline ou partager de bons moments avec des proches qui la pratiquent. L'envie d'essayer peut aussi naître à force d'observer les autres faire...

Mais finalement, peu importe ce qui nous pousse à l'action pourvu que nous nous sentions profondément motivés, curieux et passionnés. Les déclics importants dans notre vie représentent finalement de grands pas vers notre épanouissement personnel. Chez moi, ils ont enclenché un formidable projet de vie.

Les tips de l'expert Adrien Rivierre

Comment déclencher le passage à l'action ?

✦ Saisir toutes les occasions quotidiennes de passer à l'action, même et surtout si elles sont petites. Cela permet de se tester, de se rassurer, et donc de prendre confiance.

✦ Acheter un ouvrage proposant une méthode, des outils de passage à l'action dans son domaine de prédilection.

VIANNEY, AUTEUR, COMPOSITEUR ET INTERPRÈTE, DONNER DU SENS À SA VIE

Vianney est un artiste incroyable qui a su écouter sa passion et se lancer sans savoir vraiment où ça le mènerait. Nous nous sommes rencontrés en 2019 aux Étoiles du Sport et sa philosophie m'a tout de suite marquée.

« Mes parents m'ont donné le prénom de Vianney, et j'ai dû l'épeler quelque huit cent trente fois depuis ma naissance, il y a trente ans. Ces derniers temps, je l'épelle moins, car j'ai écrit quelques chansons que des gens ont laissées entrer dans leur maison. J'aime écrire, justement, mais surtout j'aime jouer. De la guitare, du tennis, du piano, à Fifa ou au Yam's. Qu'importe, chaque matin je sais que c'est le fait de "jouer" qui me rendra heureux !

À vrai dire je l'ai compris très jeune. Dans le dessin, le rugby, la musique ou même certaines matières scolaires, je n'ai jamais cherché qu'à m'amuser. Autant dire que le collège et le lycée ne m'ont guère permis de satisfaire cette ambition quotidienne.

Pourtant, j'avais le sentiment que le plaisir que je prenais en dehors de l'école était bien plus fertile que ce que notre système éducatif voulait bien en dire. Je savais aussi que mes petits boulots de serveur, de portier, d'hôte d'accueil ou de baby-sitter m'armaient bien plus que mes cent dix heures annuelles de cours de mathématiques.

Pendant trois ans, j'ai étudié le commerce. Je sais aujourd'hui que rien ne vaut autant que l'expérience concrète du terrain, du travail au service d'un projet, d'une idée. Je sais aussi que ces écoles laissent parfois de côté la notion pourtant essentielle à tout projet professionnel : le sens que l'on donne à notre chemin. Non, tout le monde ne rêve pas de devenir entrepreneur ! Ni trader ! Ni gestionnaire de fortune !... Nous ne voulons jamais qu'être heureux. Et c'est bien l'unique valeur qui vaille vraiment !

Quelques voyages à pied, en stop ou à vélo m'ont aidé à encaisser ces trois années d'études. Ça, et l'horizon que je m'étais inventé : étudier la couture et le dessin de mode. C'est ainsi que j'ai passé deux années éreintantes et merveilleuses à l'ESMOD, en section haute couture moderne. C'est le goût du dessin, de la couture, des matières et des gens qui m'a amené à tout cela. Là-bas, j'ai découvert une chose incroyable sur moi-même, qui m'a servi chaque jour jusqu'ici : je suis un travailleur acharné ! Contrairement à ce que mon parcours scolaire m'avait laissé entendre...

Je me découvre en besogneux déterminé, prêt à sacrifier mon sommeil, mes repas et mes soirées entre amis. Mais si et seulement si je le fais au service de ma passion ! Et mes études de stylisme m'ont absolument passionné...

Physiquement, j'en suis sorti très aminci, blafard et souffrant du dos. La pochette de mon premier album est là pour en témoigner.

Mais mon mental était devenu d'acier. Mon voyage à vélo jusqu'à Stockholm en solitaire m'a beaucoup aidé à prendre conscience de cette flamme que je pouvais avoir en moi... Il me suffisait d'aimer ce que je faisais !

En revanche, je ne m'explique toujours pas comment j'ai pu, pendant vingt-quatre ans, ne jamais me rêver chansonnier. La musique occupait une telle place dans ma vie quotidienne, puisque j'y vouais déjà tous mes moments de libre, que j'estimais sans doute ne pas avoir besoin de lui faire une place plus importante. Et l'idée d'être collègue de mes idoles me pétrifiait sans doute. Du moins elle me gênait. Il faut dire qu'autour de moi, il n'y avait personne de ce monde-là... Je n'avais absolument aucune idée de ce à quoi pouvait ressembler ce milieu de la musique ; et son fonctionnement m'était absolument opaque !

Pourtant, un jour, une rencontre. Cette femme. Isabelle, qui devint ma manageuse alors que j'étais étudiant. Elle y croyait bien plus que moi ; je m'en voulais même de prendre du temps à cette gentille quadragénaire que je connaissais à peine, et qui généreusement tentait de me faire exister comme auteur-compositeur. Je n'ai fait que suivre sa bonne énergie, me fier à mon instinct. Il y avait de la lumière dans nos échanges, c'était tout ce que je savais ! Mais c'est déjà énorme...

Isabelle m'a fait rencontrer Antoine, réalisateur de mon premier album, et Vincent, mon producteur devenu depuis un ami très cher. Il a d'ailleurs été le seul producteur de tout le secteur à se dire intéressé par mes chansons.

Très vite, je me suis mis au travail avec mon nouveau label, une équipe de gens simples et extrêmement investis... J'ai bien fait de suivre la lumière !

Bien sûr, développer un projet artistique, se faire entendre, avancer dans ce monde musical est semé d'embûches et de contretemps. Surtout avec ma tête de gentil premier de classe. L'argent et le succès faussent beaucoup de rapports, et certains ont une approche sportive de notre discipline. Or j'ai le sentiment de n'avoir jamais été en compétition qu'avec moi-même. Le succès de mes voisins me réjouit ; je les en félicite et m'en inspire même ! Et sur ce chemin sinueux ne me collent à la peau que deux obsessions : jouer et progresser... La première me fait donner le premier coup de pédale, la seconde entretient la course, et les deux se nourrissent entre elles.

Je constate alors une chose immense : je n'ai jamais eu peur. Je n'ai jamais douté. De la dimension commerciale de mes chansons, si, bien sûr... Mais de la flamme qui m'animait, jamais ! Alors que ça soit dans un bar ou à Bercy, j'étais certain que chanter mes histoires à un public, si petit soit-il, me rendrait heureux. »

ADRIEN RIVIERRE
Expert de la prise de parole en public

Adrien Rivierre accompagne chaque année des dizaines de dirigeants, entrepreneurs et leaders passionnés dans leurs interventions, pour les aider à partager leurs idées avec force. Il est auteur de plusieurs ouvrages dont *Prendre la parole pour marquer les esprits* et *L'Homme est un conteur d'histoires*.

« Prendre la parole est finalement un des actes les plus communs qui soient dans nos vies. La voix est le médium de communication principal en entreprise, mais aussi dans tous les aspects de la vie quotidienne. Or la compétence que constitue la prise de parole, ainsi que le travail sur la confiance qu'elle nécessite, est un angle mort du système scolaire et universitaire français. C'est à la faveur de ce manque de formation initiale que le doute s'installe souvent chez ceux qui sont amenés à manier la prise de parole en public.

Le premier doute est souvent inhérent à la maîtrise du sujet, au fond. On craint de ne pas connaître assez bien son sujet, de ne pas avoir assez travaillé, d'être piégé par des questions de son auditoire, d'autant plus si ce sont des supérieurs hiérarchiques. En bref, on a peur de mal faire. Je suis un grand partisan de la maîtrise du fond et de la forme, comme condition d'une prise de parole réussie. Il faut se demander avec une grande précision : Quel est mon message ? Quels exemples puis-je trouver pour appuyer mon propos ? Quelles idées vais-je développer, en me servant de quels enchaînements ? C'est essentiel. On ne peut pas prendre correctement la parole si l'on ne connaît pas parfaitement son fond. Et si certains éléments sont moins maîtrisés, il ne faut pas hésiter à le mentionner de manière honnête, ce qui provoque généralement un retour très bienveillant de l'auditoire.

Le deuxième doute est postérieur à la prise de parole et consiste à s'interroger sur sa réussite. Mais que signifie le succès en la matière ? Je constate qu'il y a souvent des malentendus à ce propos, qui tiennent au fait que l'on se questionne sur son ressenti intérieur : "Est-ce que je me suis senti à l'aise ?" Or la prise de parole, par définition, est publique, elle doit avoir un impact, un effet donné sur l'auditoire auquel on s'adresse. La vraie question à se poser est donc : "Est-ce que j'ai réussi à les convaincre, à faire passer mon message ?" Il peut très bien arriver que l'on ait le senti-ment de ne pas avoir été bon, mais que l'auditoire ait trouvé l'intervention très efficace, ait perçu une énergie positive.

Le troisième doute est lié à la confiance en soi. Je voudrais casser l'idée que tous les orateurs ou oratrices doivent avoir une jauge de confiance en eux au maximum pour réussir. Ce n'est jamais le cas et ce n'est finale-ment pas l'enjeu. On peut tout à fait prendre la parole en public en ayant des doutes ; il se peut que l'on dispose de moins d'éléments sur cer-taines informations, que l'on ne puisse émettre que des hypothèses, que l'on attende un retour de l'auditoire. Ce n'est pas grave ! Dans l'immense majorité des cas, la prise de parole ne va pas engager l'humanité. Donc montrer à ses pairs, son équipe, ses supérieurs un peu de vulnérabilité pour faire avancer le projet fait aussi partie de la prise de parole.

Pour améliorer son capital confiance, il est très important de faire un tra-vail sur soi afin de progresser dans l'acceptation du regard des autres et dans sa capacité à entrer en interaction avec eux. Le travail peut être mené de manière très individuelle, mais il se construit aussi beaucoup dans la pratique quotidienne, dans la petite prise de parole (avec des col-lègues que l'on connaît bien par exemple, ou son équipe). Plus on prend la parole sur des occasions modestes, plus on est soumis à des situations différentes (imprévus), et plus on gagne progressivement en confiance en soi.

Faire la liste infinie des craintes et des choses qui pourraient mal se pas-ser conduit à surévaluer le risque et à éviter la prise de parole. Pour casser la barrière du mental, il est donc très important de se projeter dans le positif. Mieux vaut faire la liste des points positifs : je suis bien préparé, mon propos est bien structuré, je connais le sujet... En se répétant ces mantras, on arrive dans de meilleures conditions car on est porté par une énergie positive et l'envie de bien faire.

Je note que le doute face à la prise de parole est souvent plus clairement exprimé chez les femmes, qui souffrent fréquemment du fameux syn-drome de l'imposteur. Je vois trois raisons à cela.

Premièrement, comme l'immense majorité des orateurs sont des hommes, il est plus simple pour un homme qui grandit de se dire "je peux prendre la parole, partager mes idées, d'ailleurs, c'est ce que l'on me demande", car plus on a d'exemples positifs, plus on s'y réfère. Les femmes, dépourvues de modèles, ont souvent plus de mal à se projeter et à se dire que leur voix peut porter et être intéressante. Cela produit *in fine* une différence d'aisance et de confiance. En entreprise, ce schéma est la plupart du temps reproduit, même s'il tend heureusement à évoluer.

Deuxièmement, la culture et l'éducation jouent beaucoup. Encore aujourd'hui, dans les écoles, on a tendance à dire aux garçons de s'imposer, de se faire entendre, de ne pas se faire marcher sur les pieds, tandis que l'on conseille aux petites filles de se faire discrètes, de ne pas faire trop de vagues. Dans le cadre de la prise de parole, on comprend que la trajectoire ne soit donc pas la même pour les deux sexes.

On s'aperçoit que le regard se cristallise très tôt dans notre apprentissage… Dans les pays anglo-saxons, on prend la parole tout petit, même pour des interventions anodines, pour restituer son week-end, etc. On la désacralise et, si l'on se trompe, il n'y a pas de conséquences. En France, il faut lever le doigt, demander la permission, et si l'on ne donne pas la bonne réponse, le professeur passe au suivant, parfois sans aucun commentaire. C'est un modèle stigmatisant, peu encourageant, qui peut avoir un impact négatif sur la confiance.

Troisième élément, les femmes, par culture, éducation, sont globalement plus réceptives, empathiques et plus émotionnelles. Or un bon orateur est quelqu'un qui est très sensible à ce qui se passe, qui sait créer un lien affectif, émotionnel, ressentir l'auditoire. Elles devraient donc être meilleures ! Oui, mais, le souci, c'est que lorsque les interventions se passent moins bien, elles prêtent plus attention aux signes négatifs. Alors qu'un homme aura généralement tendance, après une prise de parole, à trouver qu'il a été super sans même se poser la question de la façon dont les personnes qui l'ont écouté ont réagi.

Pour conclure, j'aimerais insister sur le fait que le corps est essentiel, crucial. On ne peut pas imaginer une bonne prise de parole sans une bonne compréhension de sa gestuelle, de ses déplacements, de son regard. Car lorsque l'on communique, le langage non verbal est essentiel. Le fait d'avoir une gestuelle claire, bien maîtrisée, vient animer le propos et le renforce *de facto*. Se déplacer, occuper l'espace, créer un lien avec les personnes les plus éloignées renvoie l'idée de confiance et renforce le pouvoir de conviction. La prise de parole s'accompagne donc nécessairement d'un travail sur le corps, mais aussi sur la respiration, si l'on veut maximiser son potentiel et avoir le meilleur impact possible. »

Clé n° 4

PASSE
À L'ACTION

Faire le premier pas

Passer à l'action est l'une des choses les plus difficiles qui soient. Car même si l'on a un projet qui nous trotte dans la tête et l'envie d'y aller, même si l'on a tout fait pour lever les freins qui pourraient nous empêcher de le concrétiser... souvent, on ne sait pas par où commencer. On peine à sauter le pas, tout simplement !

À l'instant même où la décision d'agir est prise, au moment où l'on se sent prêt à se lever du canapé, je crois qu'il est absolument crucial de booster l'envie qui est déjà en nous. Il ne faut surtout pas la perdre... C'est donc le moment idéal pour poser de petits actes qui s'avéreront déterminants pour la suite, d'aller chercher encore plus de motivation là où l'on peut en trouver !

La première clé pour cela ? Notre entourage. Il est essentiel de parler de son projet, de son envie, de sa décision aux personnes qui comptent pour nous et dont nous savons qu'elles seront toujours derrière nous pour nous épauler dans les moments forts, nous soutenir dans les périodes de faiblesse. Et le soutien peut prendre en ce domaine bien des formes. Il est possible de rechercher un appui auprès de personnes qui pratiquent déjà l'activité dans laquelle on souhaite se lancer, ou auprès de quelqu'un qui pourrait vouloir commencer cette activité avec nous. Ou encore de simplement chercher du réconfort, des conseils, des pensées positives pour nous encourager à sauter le pas, puis à persévérer.

Concernant la course à pied, je dois une bonne part de ma motivation à ma mère. Lorsque j'ai commencé, elle courait déjà depuis plusieurs années et c'est elle qui avait été piquée la première par la course à pied. Elle avait ensuite embarqué mon père et ma sœur dans cette passion. Elle trouvait tellement de plaisir à s'entraîner régulièrement et à faire des courses (des semi-marathons) que l'on s'est tous demandé les uns après les autres quel plaisir cette discipline procurait. Moi aussi, j'ai voulu comprendre. C'est donc elle qui m'a emmenée courir mes premiers cinq, puis dix kilomètres. Elle m'a aidée à prendre petit à petit confiance en moi. Je me souviens parfaitement de mes débuts : je râlais, j'avais le sentiment de la ralentir, de l'empêcher d'aller à son rythme, d'être un boulet... Les choses ont pas mal changé depuis, mais je peux affirmer que si ma mère n'avait pas été là pour moi à ce moment-là, je n'aurais sans doute pas commencé cette activité, et encore moins persévéré dans ma pratique.

> **RECHERCHEZ DU**
> conseil et un
> **APPUI AUPRÈS**
> **DES PERSONNES**
> **QUI PRATIQUENT**
> déjà l'activité
> **DANS LAQUELLE**
> **VOUS SOUHAITEZ**
> **VOUS LANCER !**

Au-delà de mon cercle de proches, les réseaux sociaux ont aussi pour moi été une véritable clé : ils m'ont aidée à faire les premiers pas décisifs dans ma pratique sportive. J'ai pu entrer en contact avec un grand nombre de personnes qui partagent les mêmes passions, les mêmes valeurs, les mêmes envies que moi... Malgré tout le mal que l'on dit de ces outils, ils ont le pouvoir de nous faire découvrir des activités auxquelles on n'aurait jamais pensé, d'échanger avec des personnes que l'on n'aurait peut-être jamais croisées ou qui vivent à l'autre bout du monde... Lorsque je découvrais sur Instagram que les gens que je suivais étaient allés courir leurs cinq kilomètres du matin, je me disais qu'il fallait absolument que j'y aille moi aussi. Je pensais : « Si eux l'ont fait, alors j'en suis capable ! » Et puis c'est sur Insta que j'ai appris la signification des termes utilisés par les coureurs, les CR (« comptes rendus de course »), les RP (« records personnels ») et les temps de référence...

Un autre facteur me semble très important pour booster sa motivation initiale : se fixer une échéance. Ce qui m'a poussée à aller m'entraîner quatre jours sur sept, c'est précisément mon inscription au semi-marathon de Paris. J'avais fixé cet objectif, et je savais que je ne pouvais pas baisser les bras. Quoi qu'il arrive, j'allais le courir. Et comme je ne me sentais pas encore capable de tenir ces vingt et un kilomètres, le seul moyen de me rassurer était... d'aller m'entraîner !

Dans le domaine de l'entrepreneuriat, j'ai également recherché des soutiens en écumant Google (mon meilleur ami !) : je me suis renseignée sur des sites de toutes sortes, j'ai écouté des podcasts (je vous partage mes préférés page 77), j'ai lu des témoignages d'entrepreneurs. Grâce à Internet, on peut avoir accès à une quantité d'informations incroyable. Elles peuvent nous motiver, nous aider à prendre confiance en nous et à sauter le pas. Tous les conseils que j'ai pu glaner, tous les points de vue que j'ai pu compiler m'ont aidée à trouver la clé, MA clé, à comprendre par où je pouvais commencer. Et surtout, je me suis décomplexée en me disant qu'il n'y avait pas de bonne ou de mauvaise méthode, et que j'allais trouver la mienne.

Au tout début de Respire, j'avais décidé de me lancer mais je ne savais pas par quel bout prendre les choses, ni quand commencer. La vraie motivation, la force de faire le premier pas, de donner l'impulsion initiale, je l'ai trouvée en Thomas, mon associé qui n'avait pas froid aux yeux. Il est confiant, méthodique, il donne le sentiment de ne pas se poser quarante questions (ou juste se poser les bonnes questions) avant de faire quelque chose, et cela m'a aidée à me détacher de tous les *a priori* que j'avais, et qui m'entravaient. Aujourd'hui, je rencontre beaucoup de personnes qui rêvent de se lancer dans l'entrepreneuriat et qui cherchent à comprendre comment faire le premier pas. Ce qu'ils ignorent, c'est qu'en venant me poser des questions sur mon expérience chez Respire, ils sont déjà précisément en train de le faire, ce premier pas...

Les tips de l'expert Makis Chamalidis

Comment faire le premier pas ?

✦ Rédigez votre liste « Ce qui m'anime ».

✦ Complétez-la avec une rubrique « Plus jamais ça », dans laquelle vous noterez tout ce qui vous a empêché d'avancer jusqu'à présent.

✦ Établissez pour chaque élément une action concrète ou une règle de vie qui vous amènera à prendre votre rêve au sérieux ou à le concrétiser.

JONATHAN LEHMANN, AUTEUR DES ANTISÈCHES DU BONHEUR, LA VISION DU BONHEUR

Jonathan est l'auteur d'un livre qui a été vendu à plusieurs milliers d'exemplaires et qui a inspiré énormément de personnes, qui ont trouvé leur bonheur.

« Je suis un étudiant du bonheur. Avant, j'étais avocat d'affaires à Wall Street (durant six ans), j'avais coché toutes les cases que la société m'avait dit de cocher pour être heureux. J'avais du succès, beaucoup d'argent... mais j'étais malheureux comme les pierres. J'ai compris que je n'avais pas accompli mon rêve, mais celui d'une partie de la société, de la pensée dominante. Quand mon père est tombé gravement malade, c'est devenu insupportable : j'ai tout plaqué et je suis parti dans une grande recherche personnelle qui au départ était tout à fait égoïste. Mais au gré de cette recherche, j'ai découvert (par des lectures mais aussi par de nouvelles pratiques) des leviers, des principes, des habitudes qui ont complètement transformé ma vie, et dont j'ai compris qu'ils pouvaient transformer la vie de beaucoup de gens. Le partage de ces concepts, de ces habitudes est devenu ma passion, au travers des *Antisèches du Bonheur*, des livres que j'écris, de mon application de méditation 7Mind guidée, des conférences que je donne...

Lorsque l'on me demande quelle est aujourd'hui ma vision du bonheur, je réponds que tout part de la tyrannie du mental : on a tous une voix dans la tête qui nous parle sans cesse, qui crée des dizaines de milliers de pensées chaque jour, qui dit que ce que l'on a n'est pas suffisant, que l'autre a plus, que l'on pourrait faire mieux, que notre vie n'est pas bien, etc. Ce mental est comme un chien fou qui peut nous mordre avec du stress ou de la colère, et mordre les autres avec des conflits inutiles ou de la médisance. Tout le travail du bonheur, du développement personnel, c'est de transformer le rapport que l'on entretient avec ce chien, de l'observer, de le dresser, de lui donner de l'amour, pour passer du stress à la gratitude, de l'angoisse à la créativité afin de faire du chien fou un chien de garde ou un chien guide d'aveugle.

Le bonheur définitif n'existe pas. En revanche, il est possible de diminuer la durée et l'impact des moments de souffrance et donc d'augmenter l'espace disponible pour les émotions positives. La première chose qui contribue à notre bonheur, ce sont nos habitudes : Est-ce que je soigne suffisamment mon sommeil ? Est-ce que je mange des choses qui font du bien à mon système ou qui le mettent en état d'alerte ? Dans quelle mesure est-ce que je donne de l'amour à mon corps grâce à l'exercice physique ? Comment est-ce que je donne de l'amour à mon mental ? Sur ce dernier point, deux pratiques me semblent absolument essentielles : la gratitude et la méditation.

• **La gratitude**, c'est entraîner son cerveau à être dans un état de reconnaissance des choses positives de notre quotidien que l'on aurait tendance à prendre pour acquises. La gratitude est une pratique dont les effets sont scientifiquement prouvés qui se base sur le principe de neuroplasticité (le cerveau évolue constamment). C'est une gymnastique cérébrale quotidienne qui diminue la négativité. Il s'agit de lister chaque jour trois, cinq ou dix choses très précises pour lesquelles on est reconnaissant.

• **La méditation**, c'est la musculation de l'attention, qui dépend, elle, de la force de notre attention. La méditation nous apprend à porter notre attention sur l'instant présent. C'est une pratique essentielle pour être heureux, donner du sens à sa vie, stimuler la créativité, la confiance en soi, la mémoire, le bien-être en général.

Si l'on s'investit quotidiennement dans trois minutes de gratitude et dix minutes de méditation, on change sa vie.

Pour moi, aujourd'hui, faire le premier pas signifie se lancer dans sa zone de panique, être capable d'observer ses peurs et de ne pas les alimenter. Selon la théorie des zones, notre vie peut être représentée par un ensemble de quatre cercles concentriques que sont la zone de confort, la zone d'apprentissage, la zone de panique et la zone magique. Nous passons 90 % de notre vie entre notre zone de confort et notre zone d'apprentissage. On ne s'aventure jamais volontairement dans notre zone de panique, celle de toutes nos peurs : la peur de manquer, la peur du ridicule, la peur d'échouer, de ce que l'on va penser de nous. Pourtant la seule façon d'accéder à la zone magique, celle de nos rêves les plus fous, c'est de traverser la zone de panique, qu'il s'agisse des exploits individuels, sportifs ou entrepreneuriaux.

Donc faire le premier pas, c'est changer le rapport que l'on a avec la peur. Krishnamurti dit que la peur est un phénomène naturel et que l'erreur que l'on commet est d'essayer de résoudre chacune de nos peurs individuelles, alors que la clé serait d'embrasser la peur comme un phénomène général normal et d'interagir avec elle, non pas en essayant de la résoudre, mais en la prenant dans les bras comme un enfant qui viendrait de faire un cauchemar, et en lui disant "Ne t'en fais pas, ça va bien se passer".

Il faut croire en la magie de la vie, car plus on y croit, plus la vie devient magique. Plus on a la foi que quelque chose de plus grand est à l'œuvre, plus on s'attelle à ce grand tout, plus on essaie de contribuer à apporter quelque chose de positif sans avoir peur de manquer, sans s'inquiéter de la façon dont on va être rétribué, plus il se passe de choses incroyables. La vie est magique et soutient les initiatives qui ont vocation à faire le bien, quand elles sont sincères et authentiques. »

S'organiser pour progresser

Quel que soit le domaine dans lequel on se lance, les choses ne se font jamais du jour au lendemain. Il faut y aller step by step, se fixer des objectifs successifs, mettre un plan en place pour établir une progression qui permette d'atteindre son but. Il est essentiel d'établir une feuille de route claire et précise... parce que quand on débute, on ne sait pas par où commencer ni comment tenir sur la durée. Et c'est tout à fait normal !

De manière générale, chaque chose que l'on entreprend dans la vie peut être gérée suivant les méthodes de « gestion de projet ». J'ai découvert ces techniques en école de commerce. Elles présentent le grand intérêt de permettre de clarifier nos idées, de les mettre sur papier, de définir une stratégie et d'organiser un suivi qui va nous aider à avancer et à atteindre nos objectifs !

La course à pied, par exemple, c'est « facile ». Toute personne ayant deux pieds, deux jambes et une bonne santé peut s'y mettre. Il suffit de lacer ses baskets, d'enfiler une tenue de sport confortable, de mettre éventuellement un peu de musique dans les oreilles... et d'y aller ! Dit comme ça, tout paraît simple, mais ça ne l'est pas tant que ça, parce que la dimension psychologique intervient, ainsi que la notion d'adéquation de l'entraînement à nos capacités. Aussi il est essentiel d'appliquer les principes de la gestion de projet pour bien s'organiser et atteindre ses objectifs. Par exemple, définir ce que l'on appelle dans le jargon, un « plan d'entraînement ». Il est d'ailleurs facile de trouver des plans d'entraînement tout prêts sur Internet, adaptés à son niveau, puis de s'y tenir. On peut aussi se faire aider d'un coach, qui va fixer un programme précis et l'ajuster en fonction de notre évolution et de notre niveau. Samuel m'a aidée à préparer mon deuxième marathon, celui de

San Francisco. J'avais une planification d'entraînements cinq jours sur sept, et leur contenu variait pour que je ne me lasse pas. J'alternais les séances avec Sam (souvent du fractionné) et des sorties longues de deux heures, voire trois heures dans les dernières semaines.

Le simple fait de voir écrit sur une feuille que tel entraînement était prévu tel jour était une source de motivation : je n'avais pas d'autre choix que d'y aller, dans l'optique de l'échéance de la course qui approchait et que je ne pourrais pas décaler. Avoir un entraîneur qui me suivait me motivait, parce que je ne voulais pas le décevoir. Je me « défilais » beaucoup moins facilement pour une séance que si c'était moi seule qui me l'étais fixée. Ça a payé puisque j'ai couru le marathon de San Francisco, sans aucune douleur, avec beaucoup de plaisir, en 4 h 30 !

Bien sûr, au-delà des entraînements que l'on organise, le plan que l'on met en place pour prendre soin de soi est également essentiel. Dans l'optique de courir ce marathon, j'allais très régulièrement voir mon kiné, qui m'aidait à soigner les douleurs qui apparaissaient dans mes jambes, comme les périostites (douleurs typiques du sportif localisées sur le tibia) : il m'aidait à les traiter, à les apprivoiser et à comprendre mon corps, ce qui me permettait de progresser encore plus. J'allais aussi très régulièrement faire de la cryothérapie pour détendre ce corps à qui j'infligeais des entraînements intenses et qui avait besoin de récupérer rapidement. Mon seul but alors était de mettre mon organisme dans les meilleures dispositions possibles.

De manière générale, me fixer des buts, et planifier la façon de les atteindre, est devenu quelque chose d'assez naturel. Quand nous nous sommes lancés dans l'entrepreneuriat avec Thomas, nous avons défini

> **L'ESSENTIEL EST D'AVOIR toujours en TÊTE NOTRE OBJECTIF ULTIME, ET DE SUIVRE LE CHEMIN QUE L'ON A TRACÉ POUR Y PARVENIR**

des objectifs à court, moyen et long terme et établi une feuille de route extrêmement précise pour les atteindre. On a donc un document cadre qui évolue tous les trimestres : il liste les différents gros sujets sur lesquels on travaille, les tâches à réaliser, et pose des deadlines précises pour chacun d'entre eux. Cela aide à avoir une vision d'ensemble de la trame des projets et une projection claire de la direction dans laquelle on va. Bien sûr, cette grille évolue chaque jour, suivant les aléas et les occasions, mais elle constitue une base solide sur laquelle je me repose et que je respecte tout en la faisant évoluer.

L'important à mon sens, c'est le juste équilibre entre le respect du cadre que l'on s'est fixé et la souplesse dont il faut nécessairement faire preuve pour s'adapter au mieux à la réalité des choses. Tout en restant rigoureux sur les fondamentaux, il est toujours intéressant de tester différentes choses et de faire évoluer nos manières de faire pour trouver l'organisation la plus efficace et la mieux adaptée pour nous, compte tenu de la situation. La trouver prend du temps, c'est normal. L'essentiel étant d'avoir toujours en tête notre objectif ultime, et de suivre le chemin que l'on a tracé pour y parvenir.

Les tips de l'expert **Makis Chamalidis**

Comment s'organiser pour progresser ?

✦ Constituez votre garde rapprochée avec les deux critères « compétence et confiance ».

✦ Définissez vos priorités et demandez aux membres de votre garde rapprochée (vos garde-fous) de vous faire régulièrement des piqûres de rappel.

Pauline Laigneau a créé la marque de joaillier Gemmyo, mais aussi « Le Podcast de Pauline Laigneau », avec un écosystème de réseaux sociaux qui aide les entrepreneurs à développer leur business.

« Je me suis lancée dans l'entreprenariat il y a 10 ans. Tout a commencé quand mon mari m'a demandé de l'épouser ; on cherchait une bague de fiançailles mais nous n'avons pas trouvé la perle rare. C'est de là qu'est venue l'idée de fonder Gemmyo.

À l'origine, je me destinais à l'enseignement. Quand j'ai commencé mes premiers stages pour être prof, je me suis rendu compte que ce n'était pas pour moi. C'est un métier très dur qui mérite une vraie vocation. J'avais également besoin de plus de liberté et de créativité dans mon métier. J'ai vécu une période de doutes durant laquelle j'ai fait je crois une petite dépression. Mais en touchant le fond, je me suis rendu compte que ce qui me plaisait dans la vie c'était l'aventure, les prises de risques. En réfléchissant j'ai compris que c'était l'entreprenariat qui m'aiderait à faire cela. Le problème, c'est qu'à l'époque, je ne savais rien faire dans la vie à part écrire des dissertations. Créer une entreprise me faisait complètement sortir de ma zone de confort, mais en vérité, j'avais le sentiment que je n'avais plus grand chose à perdre.

Aujourd'hui, une de mes fiertés est de m'être lancée et d'avoir réussi à préserver l'équilibre entre ma vie professionnelle et ma vie privée, sans que l'un n'entache l'autre. Mon mari et moi avons fondé une société qui compte aujourd'hui près de soixante employés, autofinancée. Je suis également fière de pouvoir aider des personnes qui souhaitent changer de vie et se lancer dans l'entreprenariat grâce au contenu que je propose sur mes réseaux et mon podcast.

À la question, "comment fais-tu pour faire autant de choses" je réponds : il faut faire des choix. On ne peut pas tout faire et la vie nous force à faire des compromis. J'ai fait le choix de ne pas avoir d'enfants par exemple et de prioriser mon couple. C'est important de déterminer quelles sont ses priorités pour clarifier ses idées. Heureusement, rien n'est définitif et les ordres de priorités peuvent varier selon les périodes de vie. J'aime l'idée qu'on peut se réinventer à tous les âges et ça a déjà été mon cas ! Pendant huit ans, j'ai priorisé uniquement ma vie de couple et ma carrière en faisant le choix de laisser de côté ma qualité de vie. C'est des années plus tard que j'ai décidé de revoir mes priorités. Aujourd'hui je vis dans un lieu qui m'est cher en pleine nature. Cela a été un compromis aussi, au niveau de ma carrière, mais c'est un choix que j'embrasse à 100 %.

Une des erreurs que j'ai pu faire plus jeune était de ne pas établir de stratégie de vie claire et précise. Je n'avais pas posé de limites, j'étais trop dans l'instant présent à vouloir m'occuper de tout. Ma vie professionnelle passait avant tout, au dépend de ma famille et de mes amis. J'avais tendance à dire « oui » à tout par peur de passer à côté d'une opportunité. La plupart du temps quand on essaye de tout faire, on fait tout mal. Un jour, j'ai eu un déclic : je ne voulais plus me laisser constamment dépasser par les événements, il fallait que cela change. Il est important d'en faire moins pour faire correctement les choses et ne pas rester à la surface. Je tiens quotidiennement une feuille de route pour ne pas perdre de vue mes objectifs. Cela m'aide beaucoup lorsque je dois prendre des décisions. Pour moi, il est essentiel de rester en phase avec sa stratégie et savoir renoncer parfois à des projets pour avancer plus vite sur le chemin que l'on a choisi. Sans cette organisation je n'aurai pas pu gérer une vie entre Paris, où mes équipes travaillent et le petit village suisse où je vis. Le déménagement en Suisse m'a poussée à m'organiser, les feedbacks que je fais avec mes équipes sont beaucoup plus directs et simples dans leur approche. On va droit au but ce qui est un réel gain de temps et d'efficacité.

Même si cela fait peur, il faut assumer que "choisir c'est renoncer". C'est la clé du succès au niveau de l'organisation. Je vois la vie comme une succession de parenthèses. Ce n'est pas parce que l'on renonce à un choix à un instant T que l'on ne peut pas y revenir plus tard. Ce n'est pas non plus parce que l'on fait un choix qu'il va durer toute la vie. Car au fond, n'est-ce pas beaucoup plus intéressant de se dire que notre vie n'est pas toute tracée ? »

Cultiver
sa motivation

Une fois que l'on s'est lancé, que l'on s'est fixé un objectif et que l'on a établi une feuille de route, une chose très difficile demeure : cultiver sa motivation, ne pas lâcher son but de vue et ne pas baisser les bras. Rester mobilisé dans la durée est une compétence qui s'acquiert. Car la motivation, ça se cultive !

Je vais être complètement honnête avec vous : il y a mille fois où je n'ai pas eu envie d'aller courir (si on parle de sport), où j'ai été à deux doigts de baisser les bras, où je me suis dit que c'était perdu d'avance, où j'ai ressenti une immense démotivation ! Cette flemme qui nous envahit et nous empêche de faire des choses est parfaitement normale et peut aussi s'avérer bénéfique puisque réussir à la surmonter nous rend encore plus fiers et peut contribuer, paradoxalement, à booster notre motivation.

Pour tordre le cou à ce sentiment de découragement qui pouvait m'envahir, et rebondir encore plus haut, j'ai trouvé un outil merveilleux. Les réseaux sociaux encore une fois. Instagram bien sûr, mais aussi Strava ou toute autre plateforme qui permet un suivi de notre activité. S'ils m'avaient déjà aidée à faire le premier pas en me fournissant des connaissances et des sources d'inspiration, ils m'ont ensuite été encore plus précieux pour entretenir ma nouvelle passion. Pour cela, je suis passée de l'autre côté du miroir : je me suis mise à partager...

Avoir un minimum d'abonnés ou même pouvoir suivre son évolution précise à l'écrit est d'une grande aide ! J'étais super heureuse quand je pouvais constater que, le mois précédent, j'avais couru quatre-vingts kilomètres et que, le mois suivant, j'avais été capable de courir cent kilomètres. Le fait de le raconter à ma communauté sur Instagram et de montrer mon évolution me rendait fière. Et l'émulation et la fierté induites par les réseaux sociaux, ça motive ! Notre mental nous pousse à observer les gens autour de nous et à nous comparer. Les voir s'activer et accomplir des choses nous donne envie de faire de même ! C'est le pouvoir de la communauté !

Les jours sombres, lorsque le découragement était trop présent, je m'obligeais à penser très fort à mon objectif et je me posais cette question : « Est-ce que l'heure de sommeil en plus ou ce que je vais faire pendant cette heure non courue vaut davantage que l'objectif que j'ai envie d'atteindre ? » Et généralement, cette réflexion me faisait parvenir à la conclusion... qu'il fallait que j'enfile mes baskets !

> **IL FAUT S'EFFORCER**
> **d'être réaliste**
> **POUR NE PAS**
> **se démotiver**

Dans ma vie professionnelle également, il y a des matins où je n'ai pas envie de m'y mettre ! Des petits-déjeuners où je me dis « À quoi bon se motiver pour aller travailler ? » Ces moments étaient encore plus présents dans les premiers temps du lancement de la marque, lorsque l'on n'était que deux avec Thomas pour la tenir à bout de bras. Maintenant que nous sommes vingt-cinq, les rares jours où je me sens moins motivée, je sais que mon équipe va me donner la patate et l'envie de tout entreprendre. Mais au début, quand personne n'avait encore entendu parler de nos produits, je ne pouvais compter que sur ma motivation et mon ambition pour trouver l'envie de me lever et de mettre toute mon énergie dans ce projet.

C'est donc ma motivation et mon ambition que j'ai travaillées, méthodiquement et consciencieusement, en me fixant des objectifs et des deadlines. J'allais rencontrer d'autres entrepreneurs et je comprenais que les difficultés étaient les mêmes chez tout le monde, ce qui m'a permis de relativiser. C'est profondément rassurant de savoir que l'on n'est pas seul à avoir la flemme parfois, ou tel ou tel problème.

Au jour le jour, ce qui fonctionnait le mieux et fonctionne d'ailleurs toujours très bien, ce sont les to-do-lists ! Dès le matin, je liste de manière exhaustive tout ce que je souhaite faire dans ma journée. Bien sûr, je m'efforce d'être réaliste parce que si la liste est trop ambitieuse, c'est démotivant de constater que l'on n'a pas terminé toutes les tâches qu'elle contient à la fin de la journée. Mais quel plaisir et quelle fierté le soir lorsque l'on a barré toutes les lignes ! J'éprouve alors un sentiment d'accomplissement et de fierté qui me booste pour la journée suivante. Et le lendemain, je recommence.

Aujourd'hui, après quelques années de travail et de progrès, je m'aperçois que la teneur de ma motivation a un peu changé. Elle est en quelque sorte devenue plus profonde et plus assurée. Lorsque je tourne la tête vers le passé pour regarder d'où l'on vient et que j'essaie de prendre véritablement conscience du chemin parcouru, je me sens fière et apaisée. Puis j'examine mes ambitions et je réalise qu'il y a encore beaucoup de choses à faire. La base solide sur laquelle je me sens installée me donne alors encore plus envie d'aller « décrocher les étoiles » ! Cultiver sa motivation, c'est finalement persévérer et ne pas lâcher son objectif de vue.

Les tips de l'expert Makis Chamalidis

Comment anticiper au lieu de réagir ?

✦ Créez votre liste « Ce que j'ai prévu au cas où... » et notez-y toutes les situations prévisibles et surtout inconfortables possibles.

✦ Décidez ensuite quelle serait l'action ou la réaction la plus adaptée.

✦ À force de visualiser ces situations, vous préparerez votre cerveau et votre corps à enregistrer le bon comportement et à y avoir accès lorsque vous serez sous pression.

MATTHIEU TORDEUR,
AVENTURIER ET CONFÉRENCIER,
SE FIXER DES OBJECTIFS

Matthieu Tordeur est le plus jeune explorateur au monde et le premier Français à avoir rallié le pôle Sud à ski en solitaire et sans ravitaillement. Il lui a fallu énormément de motivation pour préparer ce périple et tenir jusqu'au bout !

« J'ai toujours cultivé un irrésistible désir d'aventures. À vélo, à ski, en 4L, à la voile ou en kayak, j'ai mené des expéditions dans plus de quatre-vingt-dix pays. En 2019, je suis devenu le premier Français et le plus jeune au monde à rallier le pôle Sud à skis, en solitaire et sans ravitaillement. Une aventure de 51 jours, sur plus de 1 150 kilomètres dans le plus grand désert de la planète.

À l'origine, il y avait un rêve. Celui de parcourir une partie du Continent Blanc, terre d'exploration et de découverte, terrain de jeu des explorateurs polaires comme Amundsen, Scott, Shackleton ou encore Charcot et Victor… Je voulais aussi connaître la solitude, la vraie. Celle qui permet de se révéler à soi-même, de se découvrir.

J'ai appris au cours de mes trois expéditions polaires de préparation au Groenland, au Svalbard et en Norvège que la réussite d'une telle aventure se joue dans le soin que l'on porte aux détails. J'ai été formé aux bonnes pratiques et aux bons réflexes à adopter dans ce type de milieu. J'ai passé au total cinquante jours dans le froid à tester de l'équipement, de l'alimentation et à me familiariser avec ce monde glacé qui ne pardonne aucune erreur.

L'endurance est un muscle. Les courses à pied d'ultra-fond comme le Marathon des Sables ou les courses cyclistes comme la Transcontinental Race m'ont appris à le travailler. Je n'ai jamais recherché la performance pure et dure, mais plutôt la connaissance de soi dans l'effort de longue durée.

Au moment de partir, j'étais traversé par un sentiment d'excitation et d'appréhension. Tout n'était que combat au début de l'expédition. Je luttais contre les éléments en y laissant beaucoup d'énergie. Puis, j'ai commencé à me focaliser sur les variables que je pouvais ajuster : ma respiration, ma foulée, la gestion du froid et de mon alimentation en tentant de mettre de côté celles sur lesquelles je n'avais aucun contrôle. M'appliquer à faire du mieux que je pouvais était une source d'apaisement. Si je pensais à la fin de l'expédition, je perdais tous mes moyens. C'était trop difficile pour mon esprit d'envisager une telle solitude pendant autant de temps : l'effort paraissait insurmontable. Alors, pour y faire face, je déconstruisais ma journée en mini objectifs atteignables : la prochaine pause, le prochain podcast, le dîner...

Je me suis efforcé tous les jours de remettre mon rêve de pôle Sud à la surface. C'était comme un remède à la tentation de l'abandon. J'essayais de me rappeler pourquoi j'avais fait le choix d'être là, l'entraînement que j'avais fourni pour arriver ici. Dans ces moments, il faut se raccrocher à une chose : l'inconfort et la douleur ne sont que temporaires. Ils ne durent qu'un temps.

J'éprouve une certaine urgence de vivre. Je suis plus animé par la peur du regret que par la peur de l'échec. Ma plus grande crainte serait de ne pas vivre la vie que je veux mener. Ce que je recherche, ce sont des moments d'intensité. Certains trouvent le moyen de se réaliser, d'être heureux et de se sentir vivants dans l'art, la spiritualité ou en s'engageant dans une association. Je le trouve dans l'aventure et le mouvement. »

Ne pas craquer
si près du but...

Après avoir passé des semaines, des mois, voire des années à s'entraîner ou à faire des efforts en vue d'une échéance, atteindre la date fatidique ou l'objectif initialement fixé peut s'avérer très angoissant. Il est alors fréquent de perdre ses moyens, sa confiance et de basculer dans le stress. C'est parfaitement compréhensible : on a tout donné pour réussir, on s'est imaginé bien des fois cet instant, et finalement... on est confronté à l'inconnu et à l'incertitude.

Ce qui me fascine à l'approche d'une échéance, d'un objectif, c'est l'adrénaline que notre corps est capable de créer, l'excitation que l'on ressent, les peurs qui prennent forme, le stress qui monte... Je gère plutôt bien mon stress et de façon plutôt positive, c'est-à-dire que j'ai le cœur qui bat, une petite envie de faire pipi (par exemple au départ d'une course), des papillons dans le ventre mais une énergie plus forte que d'habitude !

En préparant ma valise pour aller courir mon premier marathon en Italie en novembre 2017 avec ma famille, je commençais à sentir le stress monter, me demandant dans quoi je me lançais et remettant en question ma décision de participer. Une fois arrivée sur place (je pense que les coureurs comprendront de quoi je parle), en allant récupérer mon dossard dans le village du marathon, j'ai croisé les autres coureurs et je me suis sincèrement demandé comment j'allais être capable de prendre le départ... Et puis est venue l'heure du dernier repas du soir ; je craignais de ne pas manger ce qu'il aurait fallu, de ne pas bien digérer, de ne pas avoir assez d'énergie le lendemain... Quel stress ! Jusqu'au départ de la course, sur cette ligne à laquelle j'ai tant pensé ; mes jambes tremblent, j'ai froid, tous les gens autour ont l'air tellement bien préparés et me font douter… Et même lorsque je commence à courir quelques mètres, de petites douleurs apparaissent, en même temps que le sentiment de ne pas avoir bien lacé mes chaussures, l'envie d'aller aux toilettes (alors que je viens d'y aller).

Tous ces petits éléments de stress vont finalement et normalement vite disparaître, une fois que « j'entre » dans la course et que mon corps commence à se chauffer. Ce sont des moments qui restent gravés en nous pour longtemps. On est si près du but, l'excitation est à son comble ! Mais même si l'on doute de plus en plus, il s'agit de moments de bonheur parce que, au fond de nous, on sait pourquoi on est là, on sait que l'on a tout fait, tout entrepris pour être prêt et que l'on va donner le meilleur de nous-mêmes. Notre corps est prêt, notre mental aussi !

Ces moments de doute, on peut les vivre à différents moments de notre vie et dans toutes sortes de situations, lorsque l'on est confronté à une échéance clé. Je dors assez mal juste avant une date importante, je me réveille plusieurs fois par nuit, j'ai très peur que mon réveil ne sonne pas… Qu'il s'agisse de l'examen de piano de mes 12 ans, d'un gros contrôle à l'école, du rendu de mon mémoire, d'un oral, d'une course officielle comme un semi ou un marathon, de mon trail de 120 kilomètres dans le désert, d'un passage à la télé ou d'un lancement de produit Respire sur lequel on a travaillé pendant des mois et des mois et dans lequel on a mis tant d'énergie… Ce sont toujours les mêmes sensations. Je me sens très excitée, j'y pense énormément, je relis en boucle tout ce qui est prévu, j'anticipe les retours que l'on va avoir, j'imagine le pire comme le meilleur. Ce sont des moments de tension et de stress mais dont je profite pleinement chaque fois parce que je sais que je ne les vivrai qu'une fois, et qu'ils représentent des tournants, un accomplissement, une fierté. Il faut savoir apprécier ces instants parce qu'ils resteront gravés en nous pour longtemps !

> Quand on est
> **SI PRÈS DU BUT,**
> **l'excitation**
> **EST À SON COMBLE !**

Le matin de mon premier marathon à Florence, en famille, à quelques minutes de prendre le départ, quand le stress est à son comble mais que les dés sont déjà jetés...

Je me souviendrai toujours du lancement de notre *crowdfunding* initial... Dans une campagne de financement participatif, il faut fixer un objectif à atteindre, et la règle veut que si cet objectif n'est pas atteint à la fin du mois de campagne, tous les contributeurs soient remboursés. On était donc hyper frileux concernant notre objectif parce que l'on doutait vraiment de pouvoir l'atteindre facilement. Au dernier moment, la veille, on l'a donc baissé de 500 déodorants initialement fixé à 300 déodorants prévendus.

J'ai lancé la communication du *crowdfunding* à midi pile le 5 novembre 2018. Je n'avais presque pas dormi, on réglait encore des détails à la dernière minute alors que tout était déjà prêt depuis plusieurs jours. Et au moment du dévoilement, j'avais des palpitations, je scrutais les moindres likes et retours que l'on recevait sur les réseaux sociaux. C'était l'aboutissement de longs mois d'un travail intense que l'on dévoilait à tout le monde.

Résultat ? Une merveilleuse surprise ! Les 300 préventes ont été atteintes dès la première heure. *A posteriori*, j'ai compris que c'est le fait d'être si près du but qui nous avait fait douter de tout ce que l'on avait pourtant minutieusement préparé... Puis nous avons prévendu 1 300 déodorants en seulement vingt-quatre heures, et plus de 21 000 en un mois. Le succès a très largement dépassé nos attentes et espérances. Comme quoi, le travail, ça paie ! Et le stress que l'on ressent à l'approche de l'échéance n'empêchera jamais le succès, s'il a été bien préparé...

Le tip de l'expert Makis Chamalidis

Comment conclure et ne pas flancher lorsque l'on touche au but ?

✦ Travaillez votre vocabulaire : remplacez les pensées parasites (« ce sera la énième fois que je n'arrive pas à passer ce cap ») par des parades (« respecte tes fondamentaux, fais bien les choses simples et l'on fera les comptes à la fin »).

PAUL-HENRI MATHIEU, ANCIEN JOUEUR DE TENNIS PROFESSIONNEL, REBONDIR TRÈS VITE

Paul-Henri est un athlète que j'admire, il a fait une super carrière de sportif et a rebondi aujourd'hui en se lançant dans l'entrepreneuriat éco-responsable.

« Dès l'âge de 4 ans, je me suis passionné pour le tennis. J'ai été rapidement repéré, d'abord au sein de mon club, ensuite au niveau de la ligue (régionale), avant de partir dans une structure fédérale, en sport études, à l'âge de 11 ans. J'ai été, à mon meilleur classement, douzième joueur mondial, j'ai eu la chance de représenter à plusieurs reprises la France lors de sélections en équipe de France, et j'ai gagné quatre tournois en simple sur le circuit principal. J'ai passé dix-huit saisons sur le circuit pro, et j'y ai consacré toute ma vie.

Le mental dans notre sport représente, je pense, 70 % du résultat final. J'ai été accompagné sur ce plan dès le plus jeune âge, et j'ai ensuite fait appel ponctuellement à la même personne lors de ma carrière.

Mes trois années de formation aux États-Unis m'ont également permis de me renforcer mentalement, de pouvoir me prendre en charge, d'être au centre de mon projet, de me responsabiliser, de passer par des moments difficiles et des périodes de doutes, d'apprendre à rebondir et à trouver des solutions par moi-même. Tous ces facteurs ont un impact très important sur le terrain, lorsque l'on se trouve seul face à un adversaire, et face à nous-mêmes. Je crois qu'il est primordial d'apprendre à se connaître le mieux possible. On oublie souvent que l'on est notre meilleur allié, et l'on a même souvent tendance à penser l'inverse... Le seul regret que j'ai aujourd'hui sur le plan personnel, c'est de ne pas avoir approfondi plus ce domaine pendant ma carrière, car la préparation mentale peut avoir un impact insoupçonné et me semble être la clé pour n'avoir aucune limite...

Lorsque l'on joue à haut niveau, les tournois s'enchaînant sans cesse, même en gagnant des matchs, on fait face à la défaite presque chaque semaine. Il faut donc savoir accepter une remise en question permanente, et surtout avoir la faculté de rebondir très rapidement. En tennis, on a souvent l'impression de tout perdre alors que l'on était très proche du but...

Le plus important lorsque l'on s'en approche justement, lors d'une balle de match ou quand on est à deux doigts de gagner le tournoi, c'est de se focaliser au maximum sur le moment présent, de ne pas se projeter sur l'après, de ne pas penser à ce qui vient d'arriver. Le résultat final est souvent mis en avant, mais il n'est en réalité qu'une conséquence de tout ce qui a été fait en amont. Dans le sport, on parle souvent du "process", c'est-à-dire de tout ce travail fait dans l'ombre pour atteindre un objectif, ce travail que l'on ne voit pas. Ces moments d'entraînement sont finalement les plus importants à vivre pleinement, car ce sont eux qui conduiront ensuite aux résultats finaux.

Le parallèle avec l'entrepreneuriat ou tout simplement avec le monde du travail est très fort, nous retrouvons les mêmes problématiques de doute, de peur de mal faire ou de se sentir jugé, la nécessité de rebondir après un échec et de garder la motivation après un succès. Les remises en question permanentes sont importantes pour continuellement progresser et apprendre de ses expériences passées. »

MAKIS CHAMALIDIS

Docteur en psychologie

Makis Chamalidis accompagne depuis vingt-cinq ans des projets de performance. Son but est d'aider des performeurs (sportifs, artistes, entrepreneurs...) et des équipes à bâtir un projet solide leur permettant de s'exprimer sous pression et de tenir dans la durée.

Trouver son truc

« Pour les uns, c'est une évidence, pour les autres, un long chemin. Avant de se dire "ça, c'est mon truc !" et de se lancer, il y a un vrai travail d'appropriation et de positionnement à accomplir. On a déjà bien avancé quand on a clarifié son désir, puis encore plus quand on arrive à faire la part des choses entre son désir et celui des autres. C'est vital d'avoir un objectif, un rêve, mais quid du lien que l'on entretient avec des notions telles que le respect, le fait d'être pris au sérieux, l'oubli, la négligence... ?

"Si tu veux, tu peux !" Ce genre de conseil simpliste ne parle pas à tout le monde, et encore moins quand on se retrouve "entre deux". On peut à la fois avoir envie de se lancer et craindre de ne pas être à la hauteur. La vie serait d'ailleurs presque trop facile sans ce conflit intérieur qui nous défie tout au long de notre vie. Par exemple, je veux voler de mes propres ailes mais je ressens une dette envers des personnes que je ne m'autorise pas à quitter.

Il est impossible d'avancer quand on est tiraillé "entre deux". Pour s'en sortir, il convient d'abord d'identifier comment on s'est retrouvé dans cette position floue : Quelle en est la raison ? L'incapacité de dire "non" ? Un complexe d'infériorité ? Trop de respect pour la tradition familiale ? La suite consiste à assumer une seule position permettant de lâcher ce qui est pesant : j'apprends à dire "non", je m'autorise à transgresser certaines règles qui me font stagner ou encore j'impose mon idée au lieu de subir la loi des autres. Il n'y a pas de création sans rupture !

"Tu as un rêve, mais quel est ton plan ?"

Une fois lancé, il faut un plan qui tient la route. Suis-je capable de m'en sortir tout seul ? Quelles sont les compétences nécessaires pour aller jusqu'au bout ? Dans ce domaine, mieux vaut éviter d'écouter le dernier qui a parlé et créer sa garde rapprochée composée d'une poignée de personnes qui répondent à deux critères :

• elles sont compétentes dans un domaine qui me fera progresser ainsi que mon projet ;

• je peux avoir une confiance totale en elles.

Bref, des perles rares que l'on ne trouve pas à tous les coins de rue. Il faut donc faire l'effort d'aller les dénicher, au lieu de faire des compromis en recrutant le cousin de son pote parce qu'il est sympa et sans emploi. C'est ça, aussi, baliser son chemin : bien reconnaître ses priorités et mettre la compétence avant l'affectif, plutôt que l'inverse. On ne plaira pas à tout le monde, mais on tracera mieux sa route.

Anticiper au lieu de réagir

Au fur et à mesure que le projet avance, on rencontre des moments compliqués qui défient nos motivations profondes. Ce sont elles qui vont nous pousser à sortir nos tripes pour avancer au lieu de baisser les bras. Toujours se rappeler pourquoi on est là est une nécessité vitale. Efforcez-vous en chaque instant de créer ce lien entre le passé et l'avenir : je sais d'où je viens, je sais pourquoi je suis là, je donne du sens à ma présence. C'est la base pour rester dedans et anticiper des situations critiques qui sont quasi-programmées, et ainsi éviter d'improviser parce que l'on n'a rien prévu. Que l'on se retrouve face à un retournement de situation, un piège tendu, une injustice... c'est facile de chercher des excuses, de se plaindre ou de se mettre dans la position de la victime. Un mal suffit : n'en rajoutons pas un deuxième !

Faites la différence en définissant en amont quel sera le comportement le plus judicieux face à telle ou telle difficulté, pour ensuite être capable d'y faire face le moment venu. Ainsi vous aurez une longueur d'avance pour être là où les autres ne vous attendent pas.

Savoir conclure

Pourquoi voit-on un grand nombre de sportifs faire parfaitement le job jusqu'au moment de conclure ou de prendre l'avantage, puis, tout d'un coup, commettre des infidélités à leur style, à leur stratégie et se préoccuper soudain moins du résultat que de ses conséquences possibles ? Parce que le moment de conclure est un foyer de pensées parasites, en ce qu'il nous propose de sortir du moment présent et de voyager dans le passé ("c'est ma bête noire, je ne l'ai jamais battu") ou dans l'avenir ("je pense déjà aux réactions à ma victoire sur les réseaux sociaux").

On a effectivement tendance à oublier ce que l'on a à faire quand arrive le moment de conclure. Le "je fais" devient tout d'un coup "j'espère" ou "qu'est-ce qui va se passer après". Au moment de jouer la balle de match, on se voit déjà soulever le trophée. Les démons peuvent alors se nicher à un niveau "macro" (je ne m'autorise pas à transgresser la hiérarchie et à battre un joueur mieux classé que moi) ou à un niveau "micro" (j'oublie de respirer ou je surjoue, donc je force et je perds mon relâchement).

Or conclure est une compétence mentale que l'on peut développer. Quand l'enjeu est grand, il faut voir petit : je m'occupe de bien faire les choses simples sans penser au résultat. Cela m'évitera de retenir mon geste ou de vouloir trop bien faire, ce qui m'amènerait fatalement à me mélanger les pinceaux. Il faut penser au je(u), pas à l'enjeu ! »

Au soir du lancement de notre crowdfunding Respire, quand mon père me serre dans ses bras, que la pression retombe et que je réalise à quel point nous sommes soutenus et encouragés, c'était le premier jour du reste de ma vie.

Clé n° 5

REPOUSSE LES LIMITES DE TON CORPS

Un corps bien préparé peut beaucoup

Notre corps forme un tout impliquant notre physique et notre mental. C'est le juste équilibre et la bonne entente entre les deux, boostés par un entraînement conjoint adapté, qui nous permet de performer, de profiter des pleines capacités de notre corps, et de nous épanouir.

2017, c'est l'année où je me suis mise à la course à pied : j'ai participé au semi de Paris (21,1 kilomètres), au semi de Montréal (19 kilomètres courus sur 21 à cause de mon malaise), au Run Trip (une course en relais entre Paris et Cabourg : 27 kilomètres courus sur 228), au semi de Montréal (21,1 kilomètres), aux 20 kilomètres de Paris, aux 20 kilomètres de Marseille-Cassis, et enfin au marathon de Florence (42,195 kilomètres). Pour gérer toutes ces courses, l'entraînement régulier, l'apprentissage des techniques et l'écoute de mon corps ont été très importants, mais aussi l'alimentation, l'hydratation, le sommeil, le choix du bon équipement... Tous ces facteurs correctement maîtrisés m'ont permis de relever les différents défis que je m'étais lancés. Le marathon de Florence était mon objectif ultime, celui que je ne perdais pas de vue et qui m'impressionnait le plus, mais c'est toute cette préparation qui m'a permis d'avoir confiance, de repousser les limites de mon corps et d'atteindre la ligne d'arrivée le jour J ! Voici le récit que j'en avais fait sur les réseaux sociaux juste après avoir terminé cette course. Ces 42,2 kilomètres sont restés gravés dans ma mémoire parce qu'ils m'ont appris qu'un corps bien préparé porté par un mental fort peut réaliser des exploits...

Dimanche 26 novembre 9 heures, le départ est donné. Il se met à pleuvoir à cent mètres de la ligne de départ, d'énormes gouttes... On se dit que l'on va vite regretter notre veste imperméable, puisque l'on est déjà trempés. Je ne parle même pas des chaussures, car éviter les flaques d'eau est impossible... Elles sont déjà super lourdes, mais bon, il faut y aller ! Plusieurs encouragements à la sortie du centre-ville nous font chaud au cœur. On est un peu les uns sur les autres. Après trois kilomètres, les distances entre les coureurs commencent à se creuser et la pluie est à son maximum. Des gouttes énormes nous frappent tandis que l'on court avec nos sacs-poubelles fournis par de gentils Italiens. C'est pratique pour se protéger de la pluie, mais pas très agréable. Il faut les tenir parce qu'ils s'envolent... Les manches de mon vieux sweat censé me protéger du froid sont déjà trempées, elles pèsent lourd. On est en famille et l'on surveille notre allure.

Au 7ᵉ kilomètre, on croise des athlètes qui en sont déjà au 15ᵉ. Ils vont hyper vite et semblent très concentrés. Nous, on parle entre nous et l'on répond par des *grazie* aux *daï daï daï* (« vas-y, vas-y, vas-y ») des supporters. On vérifie surtout notre allure pour s'assurer de maintenir une course aux alentours de 6'20"/kilomètre. Il n'est pas question de se fatiguer dès le premier semi, et en plus sous la pluie... Heureusement, elle commence à se calmer. Génial !

Au 8ᵉ kilomètre, la pluie s'arrête. J'enlève mon sac-poubelle et je le range dans mon sac à dos (mon instinct me dit que j'en aurai besoin de nouveau...) et j'abandonne mon sweat trempé. Il ne fait pas très chaud et l'on est bien mouillés.

Au 10ᵉ kilomètre, j'ai les mains gelées, elles sont toutes rouges. Au 11ᵉ kilomètre, une petite douleur dans le haut de la cuisse. Je me demande vraiment comment je vais tenir 42 kilomètres ! Au 13ᵉ, il se remet à pleuvoir... Oh non ! Je remets le sac-poubelle. J'ai mal au muscle fessier, un peu au ventre et aux cervicales d'être crispée de froid. Bref, je me dis que tout ne va pas pour le mieux, mais que, de toute façon, je continue.

Au 15ᵉ kilomètre, je prends mon premier gel antioxydant (contre les crampes). Il faut que ma douleur à la cuisse passe, pas le choix ! Entre le 15ᵉ et le 21ᵉ, les kilomètres défilent lentement. J'ai froid. Je cours pendant un kilomètre avec les bras à l'intérieur du sac-poubelle, comme un manchot tellement j'ai froid aux mains... Je ne suis pas capable d'attraper ni gourde ni gel. Heureusement, ils servent du thé chaud sucré aux ravitos, ça fait beaucoup de bien ! On traverse des ponts, il y a beaucoup de vent. Et cette pluie qui ne s'arrête pas… J'ai hâte d'atteindre l'arche du semi ! C'est peut-être ça, le fameux mur psychologique dont tout le monde parle, qui surgit vers le trentième kilomètre…

Au passage de cette arche, je suis trop heureuse. C'est comme une délivrance de savoir que j'ai déjà fait la moitié en 2 h 19 de course. Je ne réfléchis pas trop au fait qu'il faut faire le double, mais je me dis que le pire est à venir. Je ne dois rien lâcher ! J'ai quand même des idées noires et pas très positives jusqu'au 26ᵉ kilomètre. Je cours mais je ne suis pas au top. Ma sœur me soutient, elle me parle beaucoup, m'aide à respirer lentement parce que j'ai de moins en moins de souffle. Je lui demande de ne pas m'abandonner et de rester avec moi. C'est comme un pacte : on ira jusqu'au bout ensemble. J'ai besoin d'elle.

Au 26ᵉ kilomètre, la pluie se calme et le ciel bleu arrive. Ça fait beaucoup de bien ! Comme un coup de boost au moral. Les jambes tirent mais ce n'est pas grave tant qu'elles avancent. Puis les kilomètres passent très vite jusqu'au 30ᵉ. On passe à peine le 27ᵉ que le 28ᵉ s'affiche !

Au passage du 30ᵉ, c'est l'euphorie : j'ai déjà couru trente kilomètres et j'avance encore, waouh ! On retrouve notre père au ravito. On passe dans le stade au soleil. Bon, on nous fait traverser une énorme flaque (impossible de la contourner), donc rebelote, les pieds trempés. Mais on court comme des robots, ça y est. On se parle, on rigole entre nous, c'est bon signe ! On enlève les sacs-poubelles, enfin ! Il fait beau : ça fait du bien. Puis on se retrouve de nouveau juste toutes les deux avec ma sœur. On décide de marcher à chaque ravito pour reprendre des forces. C'est surtout moi qui en ai besoin. Ça me ralentit mais ça me redonne de l'énergie chaque fois. Au 33ᵉ, au 36ᵉ. C'est difficile de se souvenir de chacun des kilomètres, mais je me rappelle que l'on parle beaucoup pour oublier que l'on court. On passe une petite montée bien raide sur un pont, puis c'est la descente en courant, mais là, qu'est-ce que ça tire dans les cuisses, c'est dingue !

Au 37ᵉ, je me filme en story pour donner des nouvelles sur les réseaux sociaux, j'ai la banane ! Il ne reste que cinq kilomètres. On est au top ! Un peu rouillée mais le moral est là. Bizarrement, je me sens beaucoup mieux que pendant le premier semi. Je pense que la météo y est vraiment pour quelque chose. Au 38ᵉ, on passe très près du Duomo de Florence.

CLAUDE, HÉROS À TROIS REPRISES DANS L'AVENTURE KOH-LANTA, LA VOLONTÉ DE TENIR

J'ai eu la chance de rencontrer Claude, l'aventurier hors pair qui nous a tous fait rêver et continue de nous faire rêver... Un héros préparé avec un mental d'acier !

« Depuis mon plus jeune âge, je me sens l'âme d'un aventurier mais aussi d'un sportif. J'ai toujours aimé courir partout. Enfant, j'ai testé en club beaucoup de sports différents, mais je n'ai jamais poussé l'expérience très loin, car j'étais trop impatient d'en découvrir un autre, même si je m'y étais toujours pleinement investi. Ce côté touche-à-tout m'a toutefois permis de développer une grande polyvalence dans l'activité physique.

Sur le plan scolaire, j'ai arrêté après un BEP CAP hôtellerie restauration qui m'a très vite apporté mon autonomie. Cela m'a permis de voyager et rencontrer pas mal de personnes. Comme en sport, j'ai choisi la découverte à la stabilité et j'ai à ce titre essayé de nombreux jobs. Je me suis engagé dans l'armée de l'air, par soif d'aventure. Puis j'ai travaillé dans le bâtiment. Bref, j'ai fait beaucoup de choses très différentes !

Je dois ma notoriété à mes participations à *Koh-Lanta*, sur trois saisons que j'ai vécues de manières totalement différentes avec comme point commun l'adaptabilité et l'engagement.

En 2010, je suis parti au Viêtnam sans trop savoir à quoi m'attendre. Je n'avais pas de femme, pas d'enfant, je voulais y parvenir quoi qu'il arrive. Je me suis attiré les foudres des autres candidats, qui m'ont fait payer en finale mon côté un peu autoritaire, un peu offensif en termes de sport et de stratégie. J'ai fini deuxième, mais c'était une très belle expérience sportive et humaine.

En 2012, lors de la deuxième aventure, je ne souffrais plus de la faim parce que je connaissais cette difficulté, elle était ancrée en moi. Il y avait aussi parmi les participants des personnes plus aguerries, ce qui était agréable. J'ai beaucoup mieux vécu cette nouvelle expérience plus collégiale... à l'issue de laquelle j'ai de nouveau fini deuxième, mais sans regrets car j'avais gagné de nombreuses victoires.

En 2020, j'étais devenu papa et j'ai donc vécu ma troisième aventure de manière très différente. Même si j'ai toujours mon ADN, mon sang impulsif, je me connais mieux, je sais mieux gérer les temps forts. J'ai donc été plus dans le partage que dans le défi. J'avais décuplé mon envie.

Sur ces aventures Koh-Lanta, j'ai eu l'impression de repousser à chaque instant les limites de mon corps, puisque chaque fois j'ai perdu tous mes repères alimentaires et de confort. Au bout de quarante jours, ces contraintes pèsent sur l'organisme et seul le mental peut permettre de les supporter. J'ai toujours considéré que le corps devait toujours rester actif pour éviter de tomber dans l'arrêt total. Si l'on reste trop longtemps sur la plage pour prendre le soleil, le corps va rester dans une forme de lassitude et aura du mal à repartir. Si l'on se force à bouger, l'esprit se dit que l'on est encore vivant, encore assez en forme pour agir, et l'on se sent mieux. Le corps aide l'esprit et l'esprit aide le corps. Il s'agit de choisir entre un cercle vertueux et un cercle vicieux.

Dans certaines épreuves physiques, comme le cochon pendu, on se fait vraiment mal. La douleur musculaire est telle que l'on ne sait plus si l'on tient encore ou non, on ne sent plus ses membres. Mais je suis quelqu'un qui aime repousser ses limites. Je suis prêt à encaisser plus que la normale pour atteindre un niveau que je n'aurais pas dû *a priori* atteindre.

Sur les poteaux, il faut beaucoup de volonté. C'est long, il ne se passe rien, c'est compliqué pour moi de rester statique comme cela. Chaque fois, j'ai commencé l'épreuve avec l'idée de faire au mieux. Je faisais passer le temps en utilisant des chansons : je m'imaginais que je passais des musiques de trois minutes chacune, l'une après l'autre, et j'avançais ainsi. Il faut essayer de déconnecter, mais pas trop non plus sinon on risque un déséquilibre. Il faut trouver son truc. Moi, je fixe un point, j'essaie de penser à autre chose... et à la musique.

Repousser les limites de mon corps me procure une grande satisfaction, l'extase d'avoir atteint un stade où il faut vraiment se donner pour tenir. Il y a une forme de plaisir à atteindre le dépassement de la douleur et à faire l'expérience de sa force mentale, pour gagner peu à peu en confiance. La confiance en soi est vraiment le point névralgique.

Ces aventures m'ont aidé à mieux me connaître car elles m'ont plongé dans des situations que je n'aurais jamais pu connaître autrement. J'ai ramené de là-bas l'amour de l'aventure et l'envie de faire de nombreuses choses. Je me suis remis à courir, sur des distances de plus en plus longues, jusqu'au marathon, puis 80, 100 kilomètres, j'ai gravi le mont Blanc, le Kilimandjaro. J'ai envie de courir le marathon des Sables l'année prochaine, de monter le Cervin. J'ai une to-do-list de dingue !

Je considère aujourd'hui qu'un défi par an pour repousser les limites de mon corps, c'est un minimum, c'est la base. Et j'adore cette phrase de Bruce Lee : "L'épanouissement n'est pas dans le résultat final mais dans tout ce que tu mets en œuvre pour y arriver." C'est cela, la véritable expérience. »

L'immense force
du mental

Le mental, c'est ce qui connecte notre conscience à notre environnement, c'est l'ensemble des pensées que nous envoie notre cerveau, qu'elles soient parasites ou motivantes. Il impulse notre volonté, notre envie d'aller plus loin, de nous dépasser... ou d'abandonner. Le mental est capable de nous faire faire beaucoup de choses dont on ne se croyait même pas capable.

J'ai longtemps cru que je n'avais pas de « mental ». Je vous en parlais dans la Clé n° 2 : quand j'étais enfant, mes parents m'emmenaient en promenade et je détestais marcher, je râlais en permanence, j'avais peur que l'on parte trop loin et que je n'arrive pas à tenir... C'était clairement le signe que je n'avais pas de mental.

Au cours de ces cinq dernières années, j'ai beaucoup travaillé mon mental, sans vraiment en avoir conscience, à travers différentes épreuves mais surtout à travers des défis sportifs. Ces épisodes m'ont appris énormément de choses sur moi-même et m'ont aidée dans tous les aspects de mon existence, notamment dans ma vie professionnelle.

Lorsque je relis mes publications Instagram des courses qui m'ont le plus marquée, je réalise aujourd'hui à quel point elles décrivent cette sensation du mental qui prend le dessus sur le corps. Lors du marathon de Florence, c'est bel et bien mon mental qui m'a permis de continuer lorsque j'étais trempée par la pluie, mais aussi lorsque j'avais froid, que mes jambes étaient extrêmement fatiguées et que je courais comme un robot. Ma volonté de continuer, mon envie de réussir le défi que je m'étais lancé, l'attention que j'ai portée aux petits éléments positifs lorsque tout pouvait sembler difficile, la recherche de solutions pour me soulager (comme marcher quelques instants pendant les ravitos), ainsi que le soutien de mes parents et de ma sœur : toutes ces choses m'ont portée et aidée à oublier les souffrances physiques que je ressentais.

Après mon marathon, l'épreuve qui a été la plus difficile, c'est le Half Marathon des Sables. Mon mental s'est vraiment comporté de façon héroïque pendant cette course de 120 kilomètres dans le désert en auto-suffisance alimentaire ! J'ai vécu cette aventure en septembre 2018, aux Canaries, avec ma mère. La course se déroulait en trois étapes, sur quatre jours ; nous dormions en bivouac et transportions en permanence toutes nos affaires (nourriture, duvet, popote, hygiène, le strict minimum) dans un sac qui pesait environ 9 kg.

LES DÉFIS SPORTIFS M'ONT AIDÉE DANS TOUS LES ASPECTS DE MON EXISTENCE, PERSONNELLE ET PROFESSIONNELLE

Les étapes se répartissaient ainsi : jour 1, environ 30 kilomètres ; jour 2, environ 60 kilomètres ; jour 3, off au bivouac pour récupérer ; jour 4, environ 30 kilomètres.

J'ai surtout envie de vous parler de la deuxième étape, celle qui en 2018 faisait 66 kilomètres. Le départ était donné à 9 heures du matin. J'étais avec ma mère, un peu fatiguée des 30 kilomètres de la veille et de notre première nuit en bivouac, mais je sentais l'adrénaline couler dans mes veines et j'avais envie d'y aller. C'était la première fois que j'allais parcourir une distance plus longue que le marathon ; je ne savais même pas si j'en étais capable...

Pour vous donner un premier aperçu de la réalité de cette épreuve, sachez que nous avons mis 20 heures et 21 minutes pour parcourir ces 66 kilomètres, ce que je n'aurais jamais imaginé. Dans ma tête, je prenais le départ pour une course de 15 heures maximum...

Arrivée de la course la plus éprouvante de toute ma vie, les 66 km de la deuxième étape du Half Marathon des Sables 2018, en larmes dans les bras de ma mère.

Sur cette course, j'ai majoritairement marché, car il était très difficile de courir avec la chaleur, le sable et le sac à dos. Une chose est sûre, mes émotions ont fait les montagnes russes : parfois tout allait bien, et à d'autres moments tout allait mal. C'est là que le mental prenait le relais. Les paysages étaient sublimes et nous motivaient pour avancer, mais certains passages très longs, comme la traversée de la plage de seize kilomètres, étaient éprouvants, et c'est là que le corps et le mental se fatiguaient. J'ai eu deux belles ampoules que j'ai fait soigner dès le 25e kilomètre. La chaleur était très présente, et il fallait bien la gérer, ainsi que l'hydratation et l'alimentation. Les kilomètres sont passés « facilement » jusqu'au 45e ; ensuite, il est clair que tout reposait sur le mental.

Après douze heures de course, le soleil s'est couché. Il faisait nuit noire. Mon tendon d'Achille tirait en permanence. Jusqu'au 54e kilomètre, nous avons de nouveau souffert d'une longue ligne droite sur la plage (à marée haute en plus, donc avec le risque de se faire mouiller). Puis nous avons enchaîné des montées et des descentes dans la montagne, sur des chemins à flanc de falaise. Pas évident du tout de nuit, surtout après déjà seize heures de course !

À la fin de la course, j'avais tellement mal aux pieds que je me traînais et ne voulais plus avancer. Je ressentais comme une lame qui se plantait dans ma voûte plantaire à chaque pas. C'était très douloureux et c'est ce qui m'a sensiblement ralentie. J'allais à la vitesse d'un escargot, les mètres avançaient très lentement sur ma montre. Nous étions ma mère et moi, ainsi que deux amis rencontrés sur le parcours et qui avaient décidé de terminer cette course avec nous. « Seul on va plus cite, ensemble on va plus loin ». J'ai le souvenir que nous nous sommes arrêtés au milieu de nulle part pour faire une pause et manger un petit peu. On en a profité pour se masser les pieds... même si c'était difficile de remettre les chaussures ensuite ! On a cuisiné en pleine pampa un aligot lyophilisé. C'est un souvenir que je n'oublierai jamais. Ce repas m'a redonné goût à la vie et surtout des forces pour repartir. Tous les quatre, on s'est constamment soutenus. On avait tous des ampoules, les pieds brûlants, on s'enfonçait dans le sable, on était épuisés. Mais il FALLAIT continuer. On se répétait « La douleur est éphémère, mais la fierté est éternelle ! », comme un mantra.

Dans les derniers kilomètres, j'étais en mode robot, un pas après l'autre, avec UN SEUL OBJECTIF en tête : la ligne d'arrivée ! Je faisais mon maximum pour mettre mon cerveau sur off et ne plus ressentir la douleur. Quand j'ai enfin aperçu l'arche d'arrivée, mes émotions ont fait les montagnes russes. J'étais remplie de joie, mais aussi d'épuisement. Mon mental a parfois flanché, mais il a aussi été plus fort que tout en portant mon corps jusqu'au bout de ces 20 heures et 21 minutes de course. J'ai assurément été portée par la force du groupe, mais surtout par ma mère au mental d'acier qui m'a appris à apprivoiser le mien.

Cette incroyable performance occupe une place particulière parmi toutes les épreuves sportives que j'ai pu courir. Elle m'a prouvé à quel point mon mental, mais aussi le mental de manière générale, est FORT ! La manière dont nous lui parlons et dont nous acceptons de recevoir ses signaux de faiblesse est déterminante. Le focus sur la ligne d'arrivée, l'objectif à atteindre peut vraiment donner énormément de force et de courage. Une chose est sûre : avoir vécu ces courses, avoir repoussé les limites de mon corps et poussé mon mental dans ses retranchements m'a énormément appris sur moi-même et m'a aidée dans beaucoup d'autres sphères de ma vie, notamment professionnelle.

JEAN-BAPTISTE ALAIZE,
ATHLÈTE PARALYMPIQUE,
LA RÉSILIENCE

JB est un ami et un athlète incroyable avec une histoire particulièrement touchante. Il l'a racontée dans son livre *De l'enfer à la lumière*. C'est un vrai battant et rien ne l'arrête !

« J'avais 3 ans quand, au Burundi, j'ai été victime du conflit entre Hutu et Tutsi. Au cours d'une attaque à la machette, j'ai été témoin du meurtre de ma mère et j'ai été blessé à divers endroits de mon corps, ce qui a nécessité une amputation de la jambe.

J'ai été adopté en France à 6 ans et j'ai eu la chance d'être appareillé. Je me suis vite adapté à ma prothèse, j'ai grandi comme un enfant normal.

Arrivé au collège, j'ai longtemps caché mon handicap : j'avais déjà des soucis avec ma couleur de peau... je ne voulais pas ajouter une difficulté. Et puis un jour, à l'occasion d'une course de relais, j'ai si bien couru que j'ai fait gagner ma classe... Je me souviens du professeur qui a alors annoncé à tout le monde que j'avais une prothèse. Cet événement a marqué le début de mon aventure sportive. J'ai commencé à m'entraîner en club, et six mois plus tard, j'étais qualifié pour les championnats du monde junior. J'ai rapporté mes trois premières médailles en saut en longueur, 200 m et lancer de disque.

Seulement, mon passé me hantait. Mes parents adoptifs ont cherché plusieurs solutions pour m'aider à franchir l'étape du traumatisme. J'ai fait de l'équitation et j'ai adoré. J'ai réussi à aller jusqu'aux championnats de France avec les valides, j'ai été sixième finaliste. Le cheval que je montais était tellement intelligent qu'il avait compris que j'avais une prothèse, que j'étais différent et il m'a aidé à gagner, alors que personne ne réussissait à le monter. C'était un vrai bourricot, mais moi, il m'a adoré. J'ai vécu une thérapie avec ce cheval, par les émotions et la confiance qu'il m'a données.

Aujourd'hui, je fais du saut en longueur et je détiens le record du monde : 7,20 m. J'ai été quatre fois champion du monde des moins de 23 ans, finaliste aux JO de Londres en 2012, médaille de bronze au championnat du monde 2017, médaille de bronze aux championnats d'Europe 2018, finaliste aux JO de Rio, à 5 cm du bronze.

Je pense que c'est la force du mental qui m'a sauvé... C'est mon passé qui m'a rendu fort. Dans cette vie, rien ne peut me faire peur. J'ai appris avec le sport qu'il faut se donner les moyens et ne jamais abandonner.

Mes championnats d'Europe à Berlin en sont un excellent exemple. Je n'avais jamais vécu des conditions aussi compliquées. Physiquement, j'étais bien mais mentalement, au départ, je souffrais. Je devais courir face à un mur de vent et de pluie, sous 13 °C, alors que j'arrivais de la Côte d'Azur, où j'avais effectué ma préparation.

J'étais sixième avant le dernier saut. Je me suis dit : "Tu n'es pas venu ici pour perdre, il ne te manque pas grand-chose pour gagner." Et j'ai imaginé jusque dans les moindres détails des conditions idéales : il y avait du soleil, aucun vent, je transpirais... J'ai couru si vite que j'ai sauté 7,20 m et je suis passé à la troisième place avec un record. Je n'ai jamais renouvelé cette performance ni même dépassé les 7,20 m. Ce jour-là, le mental a tout simplement pris le dessus, il m'a transcendé.

Chaque jour, je me pousse jusqu'à ne plus avoir d'énergie. Je travaille chaque distance, chaque saut pour accéder à la performance. Ce qui compte, c'est que j'atteigne mon rêve, mon sommet. Je me dis toujours que je vais mourir demain et donc je vis à cent à l'heure. Mon mental est connecté à mon corps, il me permet de repousser mes limites. »

De plus en plus loin

Les performances sportives, sous réserve qu'elles soient raisonnables et accompagnées d'un entraînement adéquat, permettent d'entrer dans un cercle vertueux de progression permanente. Car plus on repousse les limites de notre corps, plus on a envie de les repousser encore plus loin. Atteindre un objectif ambitieux nous donne confiance en nous, mais aussi envie de nous fixer de nouveaux objectifs et d'aller toujours plus loin.

Chaque fois que je passe une ligne d'arrivée, je me sens remplie d'émotions, mes yeux se remplissent de larmes, j'ai envie de pleurer et de sourire en même temps, de partager ce moment, de serrer mes proches dans mes bras... On voit les regards des autres coureurs qui se disent bravo entre eux, se font des signes de tête, les supporters présents nous félicitent. Et c'est ce sentiment indescriptible qui donne envie de recommencer, chaque fois. Pour avoir la chance de le vivre de nouveau. Quand je courais mon premier marathon et que je souffrais, je me répétais « Mais quelle idée tu as eue ? PLUS JAMAIS je ne referai ça, c'est trop dur... », et puis, dès la ligne d'arrivée passée, j'avais une seule idée : recommencer au plus vite ! Et ça n'a pas tardé, puisque j'ai signé huit mois plus tard pour le marathon de San Francisco... qui était génial ! À cette occasion, j'ai pu revivre ces sensations merveilleuses.

Ce moment d'après course est hypervalorisant ! Je sais à peine décrire les émotions que je ressens à ce moment-là. Je me sens fière, légère, forte, puissante, capable de beaucoup de choses ! Ce sont certainement les endorphines. On dit qu'elles nous font « planer », et bien, c'est un peu ça : après une course, je plane, je suis sur mon nuage ; la sensation de bien-être intense qui m'envahit me donne un boost de confiance incroyable... et donc l'envie de faire encore mieux, soit d'améliorer mon temps sur la course, soit d'aller chercher une course différente présentant encore plus de challenge. Et c'est cette adrénaline qui suit le passage de la ligne d'arrivée qui m'a convaincue de me lancer dans le Half Marathon des Sables. Je l'ai couru en 2018 avec ma mère, puis j'ai signé une seconde fois avec ma famille au complet (mon père, ma mère et ma sœur) l'année suivante et encore une troisième fois, toujours en famille en 2021.

Finalement, on comprend que si l'on rêve d'une chose, on peut être capable de le faire, en y mettant un peu de volonté, en s'organisant, en cultivant sa motivation, en se faisant aider, accompagner, en apprenant à connaître son corps. L'essentiel est d'adapter les défis que l'on se lance à ses capacités, et augmenter peu à peu celles-ci pour pouvoir relever progressivement des challenges plus ambitieux. Finalement, je crois que la vie est encore plus belle lorsque l'on collectionne les moments de bonheur intense qui découlent de nos réussites. Et je sais aujourd'hui que j'ai toujours été portée par cette énergie positive… comme lorsque je me forçais à travailler mon piano, que je trouvais ça difficile mais que je persévérais et ne lâchais rien : je ressentais cette même gratitude lorsque je réussissais à jouer un morceau… et j'avais aussitôt envie d'en déchiffrer un nouveau ! C'est finalement à travers toutes ces différentes épreuves de ma vie, dans le sport, la musique, que j'ai travaillé cette confiance en moi, que j'ai pris conscience de mes forces, de mes capacités, et que j'ai forgé mon caractère. Me lancer dans l'entrepreneuriat à l'âge de 23 ans a été une chose difficile, mais savoir que j'avais été capable de passer ces lignes d'arrivée m'a donné confiance pour me lancer, pour accepter le challenge, le défi qui se présentait à moi. Je me fixe des objectifs ambitieux, mais atteignables et toujours plus élevés, et je ne les perds jamais de vue. Ce sont mes propres lignes d'arrivée ! Mon mental joue beaucoup dans cette aventure, tous les jours, au quotidien. Parfois il flanche, parfois je doute, parfois j'ai très peur de ne pas y arriver, parfois je stresse, parfois j'ai envie d'abandonner, mais je tiens bon et je fixe l'objectif qui me fait vibrer !

Si j'en rêve, je peux le faire !

MES OBJECTIFS SONT MES PROPRES LIGNES D'ARRIVÉE

MARTIN FOURCADE, ANCIEN BIATHLÈTE, CHAMPION DU MONDE ET CHAMPION OLYMPIQUE, RENOUVELER SES OBJECTIFS

Martin est un athlète exceptionnel ; il nous a tous fait vibrer et rêver à travers ses performances. C'est un très grand champion qui m'a énormément inspirée et dont je souhaitais absolument recueillir le témoignage dans ce livre.

« J'ai vécu dans les Pyrénées une enfance bercée par les sports de plein air, et j'ai rapidement embrassé le sport de compétition en suivant mon grand frère Simon. Nous avons passé dix ans ensemble en équipe de France, au plus haut niveau. Tout s'est enchaîné de manière assez naturelle, et chaque étape réussie a été en quelque sorte pour moi une surprise. Et je crois que c'est sur le podium olympique de Vancouver en 2010, lorsque je me suis retrouvé à 20 ans avec la médaille d'argent autour du cou que j'ai eu le sentiment d'être devenu un champion. Auparavant, je n'étais qu'un gamin qui rêvait de succès sans avoir vraiment conscience d'être bon.

En goûtant à cette grande victoire, je me suis rendu compte que j'aimais vraiment cela... et j'ai construit un plan de carrière sur quatre ans pour devenir champion olympique. Je voulais être le meilleur athlète du monde et prendre le départ en ayant mis toutes les chances de mon côté. Je me projetais sur les résultats, mais aussi sur la manière d'y accéder, sur le volume d'entraînement physique et mental, le travail sur les points les plus faibles, la gestion des émotions. J'ai repoussé les limites de mon corps de manière très progressive, car mon entraîneur a eu l'intelligence de ne pas me faire brûler les étapes. Pour que l'aventure soit pérenne, il fallait le faire dans cette conscience que le corps doit s'adapter au travail.

Jusqu'en 2014, j'étais porté par la volonté de cocher les titres phares, et j'y suis parvenu : j'ai été champion du monde en 2011, j'ai gagné le classement général en 2012, le titre olympique à Sotchi. Là-bas, quand j'ai vu la flamme s'éteindre dans le stade, j'ai ressenti un grand moment de stress : j'avais 25 ans, j'avais gagné tout ce que je rêvais de gagner, et je ne me voyais pas vouloir gagner encore deux fois, trois fois, ça ne m'excitait pas. Alors je me suis trouvé une nouvelle source de motivation : me coucher chaque soir meilleur athlète que ce que j'étais la veille. Donc je me suis concentré sur la manière et non plus sur le résultat – comment progresser, au tir par exemple.

Le mental a une part prépondérante dans ma réussite. Certes j'ai des qualités physiques, j'ai un cœur qui bat très lentement, je me suis beaucoup entraîné, mais je pense que c'est le cas de beaucoup d'athlètes. Ce qui fait la différence, c'est la partie mentale, l'aversion de l'échec, le fait d'être un grand compétiteur. Au cours de ma dernière année de carrière, je me suis aperçu que je n'ai jamais vraiment profité de mes victoires, je repartais immédiatement dans une nouvelle exigence pour la compétition suivante. Cette insatisfaction permanente m'a permis de cumuler les victoires, de continuer à dominer. »

PHILIPPE CROIZON, ATHLÈTE QUADRI-AMPUTÉ, VAINCRE L'IMPOSSIBLE

J'ai eu la chance de faire la connaissance de Philippe Croizon par le biais de son fils Jérémy. Cet homme a une histoire incroyable. Son aventure est à partager avec le reste du monde...

« Aujourd'hui, je suis conférencier à plein temps. Je peux dire que je suis un aventurier sportif, optimiste, et qui croit toujours en ses rêves. Pour moi, les rêves sont réalisables, en travaillant.

Le 5 mars 1994, j'ai eu un accident provoqué par une ligne électrique : je démontais l'antenne de la télévision et j'ai heurté une ligne de 20 000 volts. Pour me sauver la vie, il a fallu m'amputer les quatre membres.

Quand je me suis réveillé à l'hôpital, mon deuxième enfant est arrivé au monde. Il m'a donné la force d'avancer. J'avais demandé à une infirmière d'allumer la télévision, et j'ai vu une jeune fille qui traversait la Manche à la nage. C'était Marion Hans, la deuxième Française à réussir cet exploit depuis 1875. Quand je l'ai regardée traverser la Manche, je me suis dit : "Et pourquoi pas moi un jour ?"

Un long parcours de vie a commencé. J'ai végété pendant une dizaine d'années. J'ai traversé les fameuses cinq phases du deuil, mais dans le désordre, comme je l'explique dans mon livre *Plus fort la vie* : le déni, la colère, la négociation, la dépression et l'acceptation. C'est seulement sept ans après mon accident que je suis entré dans une phase de colère terrible, quand mon épouse est partie. J'étais dans un état de semi-dépression, semi-colère, tout était mêlé.

Je n'avais que quarante ans quand j'ai commencé à faire du sport. J'étais gras comme un lardon, je faisais à peu près quatre-vingts kilos sans les bras et sans les jambes… J'étais un "sportif canapé".

Lorsque j'ai fait mon saut en parachute, une journaliste m'a demandé quel était mon prochain rêve. Je lui ai lancé comme une sorte de bouteille à la mer : "Peut-être qu'un jour je traverserai la Manche à la nage." Quelques mois plus tard, lors d'une interview, la journaliste m'a redemandé devant des millions de téléspectateurs : "Alors comme ça vous allez traverser la Manche à la nage ?" À ce moment, je ne sais pas ce qu'il s'est passé, mon vieux rêve est sorti de mon esprit et j'ai répondu "oui". L'aventure était lancée. J'ai un mode de fonctionnement particulier. D'abord, j'ai une idée, puis je m'informe et ensuite j'ai peur mais c'est trop tard pour renoncer alors j'y vais. Beaucoup de gens ont peur du changement. À cause de ça, ils passent à côté de tant de choses !

Dans ma préparation, le plus dur était l'entraînement. Je faisais trente-cinq heures de natation par semaine et six heures de gainage. J'ai nagé quatre mille kilomètres en deux ans ! Pendant les entraînements, tout mon corps était en tendinite. Même si c'était dur et violent, j'ai eu de la "chance" car j'avais d'abord connu le centre de rééducation et donc le dépassement de soi. J'ai autant souffert en rééduquant mon corps qu'en traversant la Manche parce que je l'ai transformé une seconde fois. On a travaillé avec des prothésistes, des ingénieurs et Éric Breier, qui m'a fabriqué des palmes. On a avancé et réussi ensemble. J'ai besoin d'une équipe, d'un entraîneur à mes côtés pour me motiver. Très souvent j'ai craqué. C'est mon mode de fonctionnement, je vide la mauvaise énergie. J'allais dans les bois et je pleurais un bon coup ; je hurlais dans la forêt et je revenais, prêt à repartir à l'entraînement.

Ma grande appréhension était due à mon hypersensibilité. Je savais que mon corps était prêt mais que mon mental était fragile. Il ne fallait pas que je craque pendant l'épreuve ; j'ai donc fait de la sophrologie pour apprendre à gérer mon émotivité, ça a été ma plus grosse bataille pendant la traversée. Finalement, j'ai mis 13 heures et 26 minutes à traverser la Manche dans une eau à 14 °C.

Ce rêve m'a appris à repousser mes limites. On a tous cette énergie en nous, qui ronronne tant qu'on n'en a pas besoin. C'est quand on a envie de se dépasser qu'on réalise de quoi on est capable. Mon prochain projet : retourner sur le Paris-Dakar avec un véhicule à hydrogène.

Tout est possible ! Demander un coup de main, c'est un moment de partage, pas un signe de faiblesse. »

Clé n° 6

SOIS À L'ÉCOUTE DE TON CORPS

Prendre le temps
de récupérer

Notre corps nous envoie des signaux lorsqu'il est en difficulté. Savoir les décrypter permet de se donner la possibilité de récupérer quand on est dans une période de down, notamment après avoir vécu un traumatisme, qu'il soit lié au sport, au stress ou aux épreuves de la vie. Il est normal que notre corps ait besoin de temps de récupération. Il faut en prendre conscience et s'autoriser à ne pas être tout le temps au top.

Il m'arrive de traverser des périodes de rush assez intenses, où je mets mon corps à rude épreuve. J'enchaîne des nuits courtes, j'ai une charge mentale intense, je gère mille choses en même temps… Chacun réagit différemment au stress. Moi, j'ai un stress plutôt invisible, qui finit généralement par s'exprimer physiquement. Une douleur me rappelle alors que je suis allée trop loin. Mon corps m'envoie un signal, il tire la sonnette d'alarme afin que je ralentisse et que je lui permette de récupérer pour continuer à tenir ce rythme sur la durée.

En avril 2019, un mois avant le lancement officiel de Respire, j'enchaînais des journées toujours différentes. J'étais dans l'opérationnel pur et on gérait à nous deux avec Thomas une très grande quantité de tâches : gestion des réseaux sociaux et de la communication, logistique, organisation du lancement, gestion financière, premiers recrutements, recherche de locaux, aspects administratifs et réglementaires, etc. C'était peut-être la période où je m'écoutais le moins, où j'avais l'impression que chaque minute que je ne mettais pas dans le projet était une minute de perdue. Et j'avais beaucoup de mal à couper.

Un matin, je me suis réveillée avec une énorme douleur dans le dos. Mon corps était en train de m'alerter. Après plusieurs mois de stress intense, sans pause, il fallait que j'aide mon corps à récupérer avant d'attaquer ce gros lancement qui s'annonçait très intense, ce que j'ai fait en partant quelques jours me reposer.

Même type d'alerte début 2021, avec une grosse douleur cette fois dans une côte : des contractures intercostales… disparues toutes seules après trois semaines. Un signe pour mon médecin d'un « potentiel burn-out ». Je l'ai vécu comme un déclic : il fallait que je prenne plus de temps pour moi, que je récupère. Maintenant, je m'impose des jours off, je m'oblige à dormir tôt, à éteindre l'ordinateur en début de soirée, j'offre à mon corps des temps de récupération. Car finalement, c'est le fait de dormir beaucoup et de déstresser qui m'a permis de faire partir cette douleur.

Ces événements poussent à réagir sur le moment. Mais après quelques semaines d'attention, on a tendance à oublier ces alertes passées et à réintensifier progressivement son rythme, jusqu'à se retrouver de nouveau pris dans cette machine à laver intense et à oublier les temps de pause. Si l'on ne s'écoute pas du tout, on peut tomber dans de vrais burn-out, des dépressions, des phases où l'on n'est plus capable de rien. C'est un équilibre à trouver : il est important de tenir et d'être fort, mais lorsque notre corps nous parle, il faudrait être capable de l'écouter, avant d'en arriver aux grosses alertes. Manger quand on a faim, dormir quand on est fatigué, être attentif aux petites douleurs qui sont des symptômes de souffrance.

Cette nécessité de ménager des temps de répit, de repos face au stress est finalement assez similaire à ce qui se passe dans le cadre de la récupération sportive. J'ai appris petit à petit, parfois à mes dépens, qu'il est très important de prendre le temps de récupérer entre de gros efforts, mais aussi après avoir atteint un objectif particulièrement demandeur en énergie. Il faut savoir souffler, donner le temps à son corps de se remettre de ce qu'on lui a fait vivre et subir. Après le malaise que j'ai fait en 2017 sur le semi-marathon de Montréal, j'ai bien mis deux semaines avant de retourner courir. Je ressentais un véritable traumatisme dans mon corps, mais aussi au niveau de mon mental : je n'avais plus confiance dans ma capacité à courir. Mon corps était plein de douleurs, j'ai eu d'intenses courbatures. Je lui ai laissé le temps de récupérer et j'ai attendu plusieurs mois avant de m'inscrire à une nouvelle course. Cela m'a permis de reprendre intelligemment et doucement. Les sportifs ont recours à différentes techniques pour récupérer. Après mon marathon, j'ai fait beaucoup de cryothérapie, un traitement par le froid (3 minutes à -110 °C) qui déclenche une réaction forte et anti-inflammatoire pour le corps. Cela aide à récupérer plus vite.

Au quotidien, je mets toute mon énergie dans Respire et dans son développement, mais une chose super importante est de penser à la récupération et au repos pour réussir à tenir sur la durée. C'est comme dans la pratique du sport !

Après mes 120 kilomètres dans le désert pour le Half Marathon des Sables, c'est plusieurs jours qu'il fallait octroyer à mon corps pour l'aider à récupérer, à la fois physiquement et mentalement. Physiquement, la récupération s'est très bien passée, les courbatures sont passées après seulement quelques jours. Mais pour ce qui est du mental, j'ai vécu quelques heures de bonheur absolu à l'arrivée de la course, c'est ce que créent les endorphines, puis une grande fatigue mentale les deux jours qui ont suivi. Je ne me sentais plus motivée pour rien, j'avais besoin de couper, déconnecter, même remercier les personnes qui me félicitaient me demandait un effort alors qu'en temps normal ce devrait être un vrai plaisir.

Après discussion avec Didier, docteur en pharmacie et expert en micro-nutrition, j'ai été rassurée sur le fait que c'était tout à fait normal, puisqu'en réalisant cette course, mon corps avait subi un déséquilibre micronutritionnel et il me manquait certains nutriments (comme du magnésium) qui aident à se sentir bien. D'où l'importance de prendre le temps de récupérer après un effort pareil et de savoir s'écouter. On parle d'ailleurs beaucoup de « récupération » à proprement parler dans le cadre du sport, mais je suis pleinement convaincue qu'il faut aussi « récupérer » dans la vie de tous les jours à la suite de périodes intenses, professionnelles ou non.

FIONA, FONDATRICE DE MUCO SANS FRONTIÈRES, REPÉRER LES SIGNAUX ALARMANTS

Fiona est atteinte de la mucoviscidose. Elle fait partie de la communauté Respire et a remporté le Respire Project, une aide matérielle pour réaliser son rêve de gravir le mont Blanc.

« J'avais 9 mois lorsque l'on m'a diagnostiqué la mucoviscidose, une maladie génétique rare qui touche principalement le système respiratoire et le système digestif (pancréas), et pour laquelle il n'existe pas de traitement. Grâce à mes parents, très présents et impliqués, j'ai eu une enfance et une adolescence très chouettes : hormis les soins quotidiens de kinésithérapie respiratoire et les médicaments à prendre, j'ai toujours eu le sentiment de vivre normalement.

J'ai fait des études de pharmacie, au cours desquelles j'ai eu l'occasion de parcourir le monde, ce qui m'a donné le virus du voyage. En 2019, je suis partie presque un an en Amérique du Sud avec mon copain Nicolas, pour un périple itinérant en van. Compte tenu de mon état, ce voyage a nécessité une grosse préparation en ce qui concerne la prise en charge des soins, la kiné et le stock de médicaments (30 kg pour 6 mois). J'ai appris à devenir experte de ma pathologie : je sais repérer les symptômes alarmants et je connais les moyens d'éviter une aggravation de mon état. Grâce à cette préparation mentale et logistique, tout s'est bien passé et je suis revenue avec une capacité respiratoire identique à celle de mon départ.

Cette aventure a été pour moi un déclic. J'ai ressenti la nécessité de communiquer auprès des autres patients atteints et de leurs proches, pour leur montrer qu'il était possible de vivre intensément, de se lancer des défis sportifs, malgré la maladie. C'est ainsi qu'est né Muco Sans Frontières, qui a aussi pour vocation de mobiliser des ressources pour la recherche, dans le but de trouver un jour un traitement.

Le projet suivant, l'ascension du mont Blanc, a pris forme assez rapidement, grâce notamment à l'appel à projet Respire que nous avons remporté. Le 9 juin 2021, nous étions trois malades à prendre le départ, chacun sur une cordée différente. Le premier jour consistait, à partir d'une altitude de 1 800 mètres, à grimper pendant 5 ou 6 heures jusqu'au refuge de la Tête rousse, situé à 3 200 mètres. Le lendemain, nous sommes repartis à 4 h 30 du matin pour attaquer un passage difficile en raison des risques d'éboulements, pour atteindre le refuge du Goûter à 3 800 m. Le lendemain, nous sommes partis à 2 h 30 à la frontale, dans le noir. Le vent était glacial, mais j'étais super motivée. Je marchais, je marchais, mais je sentais peu à peu le froid m'envahir, et je n'arrivais pas à me réchauffer. Lorsque nous avons atteint le refuge Vallot, à presque 4 400 m, malgré les couvertures et les boissons chaudes, j'étais transie, je tremblais de tout mon corps, j'avais une respiration hyper forte, je ne parvenais pas à reprendre mon souffle et j'avais les lèvres cyanosées. Je voulais absolument continuer mais, heureusement, Nicolas était là pour m'arrêter.

Sur le coup j'étais très déçue, très triste. Mais les autres ont réussi leur ascension, donc je me suis consolée en me disant que le message était délivré : des mucos sont montés au sommet du mont Blanc. C'est le plus important.

Ce qui me semble essentiel aussi aujourd'hui, avec le recul, c'est d'avoir su écouter mon corps. Faire demi-tour était une décision difficile à prendre, mais c'était la meilleure. Il faut toujours rester vigilant et lucide, savoir décrypter les signaux et bien se connaître pour éviter de se mettre en danger. Que l'on soit malade chronique ou non... »

Pas de problème,
que des solutions

« Pas de problème, que des solutions » est une phrase que je répète tout le temps. Elle reflète pour moi une véritable philosophie de vie. Quand on l'adopte, on accepte l'idée que l'on n'a pas besoin des autres pour régler ses problèmes. Faire sienne cette devise, c'est avoir un état d'esprit d'entrepreneur.

Je suis profondément persuadée que, si l'on s'en donne les moyens, on peut toujours trouver les réponses à nos questions, les solutions à nos problèmes. Lorsque je manque d'information, lorsque je m'aperçois que je ne sais pas comment résoudre une situation, je fais toujours l'effort d'aller chercher par moi-même les réponses là où elles sont (sur Internet, ou en décrochant mon téléphone). J'ai le sentiment que chez Respire, tout le monde fonctionne sur ce mode-là, et c'est d'ailleurs une attitude que nous demandons à l'équipe d'adopter.

Les choses étaient un peu différentes au tout début de l'aventure de la marque… puisque nous n'étions que deux pour tout gérer. Et il faut dire qu'en face de Thomas et moi, à ce moment-là, il n'y avait en fait que des problèmes, puisque l'on partait de rien. On ne savait pas comment faire un déodorant, comment trouver des packagings ni comment fabriquer les bonnes étiquettes, on ignorait comment dégoter un bon graphiste, on ne savait même pas quelles infos réglementaires ou précautions d'emploi il fallait mettre sur le packaging. Mais on se débrouillait !

Je me souviens de la période où je devais finaliser le packaging. Il fallait que j'identifie les pictogrammes à faire apparaître sur les emballages, pour signaler la recyclabilité du produit. Je ne savais pas du tout ce qui était réglementaire et ce qui ne l'était pas. Les personnes que je consultais me donnaient des indications très différentes… et j'ai découvert qu'il existe une multitude de logos. Thomas était en vacances cette semaine-là, donc j'étais vraiment seule face à mon étiquette, que je devais finaliser et envoyer en impression à plus de 200 000 exemplaires ! Comme je n'étais clairement pas une experte et que je ne voulais pas faire d'erreurs, j'ai pris contact avec toutes les personnes que je pouvais connaître de près ou de loin, voire par contact de contact, pour finalement parvenir à la bonne réponse. J'étais stressée, mais j'ai trouvé ma solution.

Ce que j'aime particulièrement dans le travail en équipe, c'est que je me nourris aussi des solutions que les autres découvrent. Elles m'étonnent et me font progresser tout autant que les miennes. Je me souviens d'un épisode qui illustre particulièrement ce processus.

En juin 2019, on lançait notre deuxième produit après le déodorant : la crème solaire. La veille du lancement, Camille était la seule responsable des contenus de communication. Elle préparait tout ce que l'on allait poster sur les réseaux sociaux le lendemain matin, mais aussi l'e-mail que l'on devait envoyer à une base de 20 000 personnes. À 20 heures, elle a appuyé sur le mauvais bouton du clavier et a fait partir l'e-mail brouillon, non finalisé, à toute notre base de données. Je me souviendrai toujours de ce moment, dans nos mini bureaux nichés au fond d'un grenier que nous occupions en colocation avec une autre marque. Il faisait super chaud et Camille est devenue toute rouge. Elle bégayait en m'annonçant son erreur. J'y croyais à peine et j'avais l'impression que tout s'écroulait. Finalement, c'est elle-même qui, dans les minutes qui ont suivi, a trouvé une solution (de génie, je trouve). Renvoyer un second e-mail à ces mêmes contacts pour leur expliquer que nous venions de faire une erreur qui les mettait donc dans la confidence. Voici l'e-mail que nous avons finalement tout de suite renvoyé :

Oups, vous avez été spoilé !

Oups, il y a eu une petite erreur technique chez Respire il y a quelques minutes. Vous venez de recevoir un e-mail en cours de préparation,

Thomas et moi en juin 2019 pour le lancement de notre fameuse crème solaire ; c'était notre deuxième produit juste après le déodorant.

super, super confidentiel qui était censé être envoyé *demain matin*... Il est parti tout seul ! C'est sûrement parce qu'il était trop pressé de vous annoncer notre nouveauté...

Comme vous l'avez constaté, le lien ne marche pas, car notre crème solaire n'est pas encore en ligne. **Elle le sera demain matin à 9 heures !** Du coup, on compte sur vous pour garder le méga secret jusqu'à demain matin... Vous recevrez un mail avec toutes les infos, nos jolies photos et même notre nouvelle vidéo !

Soyez prêt, et gardez bien le secret !

On compte sur vous,

Camille (responsable communication qui shoote des mails plus vite que son ombre), Justine et toute l'équipe Respire

C'était une démarche géniale parce qu'on aurait presque pu croire que tout avait été fait exprès. On a reçu des centaines de messages bienveillants, sympas, de personnes qui étaient ravies d'être dans la confidence, de savoir avant tout le monde. Du coup, elles ont été d'autant plus au rendez-vous le lendemain matin.

J'ai énormément appris de ce moment, de ce premier lancement post-déodorant, finalement tellement réussi alors que j'avais vraiment cru qu'il allait être gâché à cause de cette erreur.

La morale de l'histoire ? On a beau avoir des problèmes, il y a toujours des solutions. Il faut juste avoir de l'audace, être réactif et choisir d'adopter cet état d'esprit.

Un autre exemple professionnel plus récent dans lequel la team Respire a fait preuve de réactivité face à un « problème » concerne notre formule de déodorant. En 2019, nous avons lancé notre première formule en format bille développé par Véronique notre docteur en pharmacie, Thomas et moi. C'est grâce à ce premier produit que Respire s'est fait connaître, des personnes l'ont adoré, et nous ont permis de grandir, tandis que d'autres (une minorité heureusement) n'ont pas été convaincu par l'efficacité. En réaction, nous sommes allés interroger ceux qui n'aimaient pas notre premier déodorant pour développer avec eux une nouvelle formule qui répondraient à 100 % à leurs attentes.

C'est ce que nous avons fait, plus de 18 mois de recherche et développement sur ce nouveau produit et plus de quatre-cents testeurs qui ont essayé notre nouvelle formule pour s'assurer qu'elle plairait vraiment. C'est un déodorant en format solide, puisque c'est ce qui était demandé par ces personnes, il est 100 % d'origine naturelle, certifié bio et a une efficacité prouvée de 48 heures (prouvé par un laboratoire indépendant, tout ce qu'on dit sur notre produit doit être prouvé par des tests indépendants, c'est la loi du marché, et tant mieux).

Notre nouveau déodorant solide est sorti en septembre 2021 et il connaît un tel succès que nous avons été en rupture de stock quelques semaines après le lancement. Cet evenement m'a prouvé qu'il est très important de se remettre en question, et de trouver des solutions à chaque fois qu'un « problème » se présente.

Bien sûr je ne parle que de petits problèmes de la vie de l'entreprise notamment, mais il y a d'autres situations qui font basculer notre vie, comme des accidents, la perte d'un proche, des ennuis de santé, etc. et pour lesquels trouver des solutions est une chose extrêmement difficile, on parle alors de résilience. J'ai été profondément touchée par de nombreux témoignages qui évoquent ce sujet, alors j'ai souhaité en faire intervenir certains dans ce chapitre, notamment Martin Petit, Charlotte Husson et Claire Suco.

MARTIN PETIT, INFLUENCEUR, PREUVE DE RÉSILIENCE

J'ai rencontré Martin il y a quelques années via les réseaux sociaux ; c'était seulement quelques mois après son accident et j'ai été touchée par ses mots et la résilience dont il fait preuve.

« Avant mon accident, je faisais des études à Nice, tout en pratiquant la musculation de manière assez intensive. J'aimais ma vie sportive, les couchers de soleil, la moto, courir le long de la plage. Cela me suffisait pour être heureux.

Le 21 août 2017, juste avant la rentrée en master 2, l'impensable est arrivé. J'avais 25 ans. J'étais en vacances dans les Landes et, le dernier après-midi, j'ai décidé de faire un dernier bain. Je me suis levé de ma serviette, j'ai couru et plongé de ma simple hauteur. Sauf qu'il n'y avait pas suffisamment de fond.

Tout de suite, j'ai compris que c'était très grave parce que je ne pouvais plus du tout bouger mon corps. Ma colonne vertébrale était atteinte, ainsi que ma moelle épinière. On m'a opéré pour m'enlever la vertèbre C5, et quelques jours après mon réveil en réanimation, une interne m'a annoncé que j'étais tétraplégique.

J'ai ressenti conjointement deux émotions : l'envie de me battre (qui me porte et m'a permis d'arriver aujourd'hui là où j'en suis, et j'en suis fier) et l'envie de baisser les bras parce que j'avais tout perdu.

Ma tétraplégie est dite basse ou incomplète parce que je peux encore bouger les épaules, les biceps et les releveurs du poignet (mais pas les doigts), ce qui me permet aujourd'hui de prétendre à un minimum d'autonomie malgré mon handicap.

J'ai passé plusieurs semaines à l'hôpital, pour me remettre et commencer la rééducation. On m'avait dit que comme j'étais incomplet, il y avait des chances que je récupère. Deux mois après l'accident, j'arrivais à bouger un peu les doigts de pied et ça a galvanisé mon mental. J'ai repris espoir. Mais quelques mois plus tard, j'ai subi un vrai contrecoup parce que je ne récupérais pas tant que cela en réalité. J'ai compris qu'il fallait que je continue à avancer autrement, tout en gérant les problèmes de santé qui s'ajoutaient à mon handicap.

Au début, tout était extrêmement compliqué, chaque geste, chaque moment. J'ai appris au centre à me transférer de mon fauteuil roulant à un autre support, mais c'était très difficile. Je me sentais tout mou, j'étais un loukoum, j'étais fatigué pour un rien, j'avais des spasmes. J'étais dans le déni, la colère, la tristesse de me dire "je veux ma vie d'avant et je vais tout faire pour la récupérer". Partagé entre les micro progrès et le découragement, j'ai eu envie d'en finir parfois, sans jamais le dire pour ne pas faire de mal autour de moi.

Heureusement, j'ai beaucoup progressé dans la connaissance de mon corps et dans l'apprentissage de l'autonomie. Aujourd'hui, je rêve toujours de ma vie d'avant, mais j'ai conscience de la force mentale que m'a donnée cette épreuve, et je m'efforce de la travailler au quotidien. J'ai envie de faire de mon histoire quelque chose de plus grand que moi : aider d'autres accidentés à remarcher, mettre en avant ou aider des projets de recherche. C'est ma fierté, ce qui me permet de transcender ce qui m'arrive, de donner du sens à ce qui n'en avait plus. La haine que j'ai pu avoir, j'ai préféré la transformer en quelque chose de beaucoup plus beau.

Je cherche ma place dans la société en me nourrissant des réflexions de personnes inspirantes (de Mandela au Dalaï Lama). Je réfléchis. Mon histoire est une arme. Et même si je n'ai pas la prétention de donner des conseils, je sais que mon pouvoir est dans les réseaux. »

Avancer avec les épreuves de la vie

On vit tous des épreuves difficiles, à différents niveaux, et tout au long de notre vie. Ces épreuves nous bouleversent et nous affaiblissent, mais nous apprenons à vivre avec, à avancer malgré tout.

J'ai toujours eu le sentiment d'être accompagnée d'une bonne étoile à toute épreuve. J'ai toujours rebondi et su rester optimiste.

Seulement aujourd'hui, alors que je suis à quelques jours de l'impression du livre, j'ai envie d'ajouter ces lignes, de vous parler à cœur ouvert d'une épreuve que nous allons traverser en famille, et qui ne fait que commencer...

Lundi 18 octobre 2021 à 15h, j'ai appris que ma mère est atteinte d'un cancer rare du foie et inopérable. Même en écrivant ces lignes je ne suis pas sûre de réaliser. C'est un mot qui fait peur, un mot qu'on ne veut pas prononcer, et pourtant il va falloir être capable de le regarder droit dans les yeux et enclencher un combat contre lui pour qu'il dégage illico presto.

Repartons en arrière. En avril 2021, au moment du vaccin pour le covid, le nouveau médecin traitant de ma mère lui a prescrit une prise de sang, un check-up complet pour apprendre à la connaître. Ce n'est qu'en juillet qu'elle est allée passer cet examen sanguin. Sur ces résultats on observait un nombre très élevé de gamma GT, des indicateurs du foie. Suite à cette observation, s'est enchaîné un certain nombre d'examens plus poussés, mais aucun de nous n'était inquiet puisque la mamounette est en pleine forme (vous avez bien vu toutes les courses qu'elle a faites) !

Entre temps, nous avons même recouru en famille le Half Marathon des Sables en septembre 2021, nos 120 kilomètres qu'on connaît bien maintenant et qu'on a terminé à nouveau dans la difficulté, mais avec cette force familiale. Rien n'aurait pu nous faire penser qu'un cancer était en train de prendre sa place dans son corps, elle qui est autant en forme, déborde d'énergie, et nous porte tous jusqu'aux lignes d'arrivée à chaque fois !

Puis au retour de cette course, deux IRM, tumeur de 8 cm sur le foie, donc place à la biopsie pour identifier de quelle tumeur il s'agit. Étant chacun de nature très optimiste, nous préférions ne rien imaginer, même si avec du recul je crois bien que mon inconscient savait déjà...

Photo de notre voyage mère-fille en Laponie en janvier 2021

Le 18 octobre, en plein rdv avec mon équipe, je reçois un sms de ma mère me demandant si je suis occupée. C'est à ce moment que j'ai su. C'est mon père qui m'a appris la mauvaise nouvelle : "C'est un cholangiocarcinome, un cancer rare du foie qui est inopérable. Maman commence la chimio dans quinze jours pour une durée illimitée."

Je suis restée tétanisée quelques instants. J'ai pleuré, beaucoup. Nous nous sommes retrouvés en famille et on n'a pas eu besoin de vraiment se le dire pour comprendre dans nos regards qu'on est soudés et qu'on va se battre tous ensemble !

À quelques jours de cette annonce, j'ai compris que cette épreuve de la vie va être longue, peut être douloureuse, mais on va être forts ! On compare ce nouveau combat à une course de fond, on va avoir besoin de beaucoup d'endurance, il y aura certainement des hauts et des bas, mais on est déterminés à passer encore une fois cette ligne d'arrivée tous ensemble !!!

CLAIRE SUCO,
FONDATRICE DE MEUF PARIS,
SE CONSTRUIRE AVEC LES ÉPREUVES DE LA VI

Claire est autrice et la créatrice de la marque MEUF. Elle a créé sa marque de vêtements engagés pour redonner le pouvoir aux femmes et les encourager à s'assumer telles qu'elles sont et ainsi, à reprendre leur vie en main.

« En tant que femme, s'habiller est à la fois un plaisir mais aussi une contrainte : on se demande souvent comment s'habiller en fonction des personnes que l'on va voir, des transports que l'on prend, etc. En 2018, j'ai créé MEUF, une marque de vêtements engagés, fabriqués en France avec des matières responsables dans le but de redonner confiance aux femmes grâce à leurs vêtements.

Mon père aurait aimé que je sois un garçon. À chacun de mes anniversaires, il allait se recueillir auprès d'un arbre qu'il appelait Samuel – prénom qui m'était destiné si j'avais été un garçon – et qu'il avait planté le jour de ma naissance, en souvenir de ce fils qu'il n'a pas eu.

J'ai grandi avec cette injustice d'avoir le sentiment que mon père ne m'aimait pas parce que je suis une fille. J'ai voulu tout faire pour qu'il puisse m'aimer, mais ça n'a pas marché. J'ai réalisé qu'entre les filles et les garçons il y avait une énorme différence et que l'on ne nous traitait pas de la même façon. Cette prise de conscience s'est confirmé lorsqu'un jour la maîtresse d'école a écrit en gros au tableau : "LE MASCULIN L'EMPORTE TOUJOURS

SUR LE FÉMININ". On parle bien de grammaire ici, mais qu'est-ce que les petites filles doivent penser quand elles lisent ça ?

À l'âge de 15 ans, j'ai été violée par mon petit copain. Il m'a emmenée dans sa chambre et m'a forcée et violée. "Tu n'aurais pas dû venir si tu n'en avais pas envie", un discours que beaucoup de femmes entendent, leur faisant croire qu'elles ont envoyé un mauvais signal... Alors qu'absolument pas ! Ça a été une épreuve traumatisante. J'ai mis du temps à mettre le mot "viol" sur ce qui s'était passé.

Lors d'un traumatisme intense, le corps déconnecte tout. C'est un processus chimique qui permet de dissocier ce qu'on est en train de vivre de qui on est. Le corps est magique puisqu'il fait ça pour nous protéger. Mais il faut pouvoir se reconstruire après.

Je suis tombée enceinte à 27 ans. J'étais sous stérilet, donc je me pensais 100 % protégée, et un jour j'ai eu du retard. Ce n'était pas du tout prévu : avec mon copain on était en plein lancement de vie et nous n'avions pas envie de ça. Il y avait la possibilité de l'avortement, donc on l'a saisi comme une chance. Mais jamais je n'aurais pensé que cela serait aussi difficile. Je l'ai vécu de plein fouet et je suis tombée en dépression. Je n'avais pas la force de me relever mais c'est à ce moment-là que j'ai lancé MEUF, projet auquel je me suis accrochée et qui m'a permis de m'en sortir. À aucun moment je n'ai regretté cette décision.

Je ne parlais pas de ce qui m'était arrivé, déjà parce que l'IVG est assez tabou, mais aussi parce que certaines personnes se permettaient de dire que j'avais le choix de garder l'enfant ou non, comme s'il y avait une bonne solution. On a également dû faire une thérapie de couple pour nous faire aider. Malgré tout cela, on s'en est sorti. J'ai pris conscience que ce n'est pas grave d'aller mal, ça arrive à tout le monde et que quoi qu'il arrive, il y a toujours une solution.

Aujourd'hui je me sens fière, d'avoir créé ma marque MEUF et d'avoir écrit le livre dans lequel j'ai réussi à me livrer autant. Je ne sais pas quelle femme j'aurais été sans toutes ces épreuves et c'est probablement mon vécu qui fait ma force aujourd'hui. Mon histoire me pousse à aller de l'avant. Elle nourrit une colère en moi qui fait que, chaque jour, je me bats pour l'égalité homme-femme, et je le fais à ma manière, avec MEUF. Mon objectif ultime serait que les femmes osent être elles-mêmes ou celles qu'elles souhaitent être et ce, malgré les épreuves de la vie qu'elles traversent. »

CHARLOTTE HUSSON

*Styliste et activiste de la vie, créatrice
du vestiaire engagé Mister K*

**Charlotte a créé Mister K, une société qui conçoit et
diffuse des collections de vêtements et accessoires
qu'elle dessine intégralement. Elle est autrice de
L'impossible est mon espoir, qui synthétise tout ce
qui a façonné sa vie, et notamment son cancer.**

« Mon histoire est singulière, comme toutes les
histoires. Après deux années de maux de ventre
que des médecins peu inspirés nommaient "colo-
pathies fonctionnelles", j'ai appris par un beau
matin d'avril 2013, après la première opération
d'une série de six, que je souffrais d'un cancer des
ovaires à un stade avancé. Au moment précis où un
professeur de l'hôpital Pompidou me l'a annoncé, j'ai
senti ma vie basculer du côté des ténèbres. Dans ces cas-là,
il faut surtout ne pas s'en remettre à Internet pour trouver une
lueur d'espoir. J'aurais pu y lire, et j'ai dû y lire, que le cancer de l'ovaire
est surnommé "the silent killer", le tueur qui progresse masqué, sans
signe apparent.

Après avoir versé des torrents de larmes, j'ai entendu une petite voix
venue du fond des tripes, du cœur, du cerveau ou de tous mes organes
encore vaillants me dire que rien n'était joué ni perdu d'avance. Je me suis
recentrée sur moi-même, entourée d'une garde rapprochée de médecins traitants qui me plaisaient, humainement, et m'inspiraient confiance,
instinctivement, sans écouter la moindre des sirènes extérieures.

L'amour des proches est vital, mais l'amour n'est jamais objectif, il conduit
même les proches à travestir la réalité. Somme toute, la compassion
n'aide en rien quand on est au fond de l'abîme, au contraire. "Mal nommer
un objet, c'est ajouter au malheur de ce monde" ; ce mot de Camus m'a
souvent frappée par sa justesse. Du fond de mon abîme, j'avais besoin de
vérité, aussi crue et douloureuse fût-elle, pour mieux me mettre en ordre
de bataille. Je ne sais pas vraiment si ce qui ne m'a pas tuée m'a rendue

plus forte, pour paraphraser Nietzsche, mais je sais dans mon cœur et mes gènes que, plus que la force ou le courage, c'est l'instinct animal de survie, la colère et le sentiment d'injustice qui m'ont portée. Toute injustice m'est insupportable.

Et puis il y a eu la rémission ! Quel étrange moment lorsque mon oncologue, mon ange gardien, m'a annoncé en décembre 2014 que j'y étais, "en rémission". L'euphorie et des torrents de larmes – de joie, cette fois – se sont alors mélangés au sentiment profond de reconnaissance envers mon bataillon de médecins, véritables moines soldats, et à l'impression que justice m'était enfin rendue après vingt mois de peur et de souffrance, six opérations et trente-six séances de chimio. Et pourtant... les jours, les mois et les deux années qui ont suivi n'ont pas été aussi euphoriques.

La réalité n'est pas mauvaise fille, mais elle ne s'embarrasse pas de faux-semblants et ne fait aucune concession, voilà tout. À intervalles réguliers, je devais pointer aux guichets qui se nomment "examens de contrôle, scanner, IRM", avec chaque fois la même bouffée d'angoisse paralysante qui monte, dans l'attente du résultat.

Quant à ma réinsertion, parlons-en. Ce statut de sursitaire en rémission me pesait au milieu du monde des bien portants. Faire comme si tout allait bien et finalement composer une mine enjouée et optimiste pour donner le change aux autres, c'était trop. Je ne suis pas faite pour le travestissement et les mensonges, y compris les mensonges de nécessité... Alors je me suis écroulée. Pas vraiment une dépression mais plutôt une catalepsie, phénomène connu des seuls athlètes de haut niveau. Heureusement, on s'en remet assez vite. Le coach de vie, autre ange gardien qui m'accompagnait dans l'épreuve, a d'ailleurs eu ce mot fulgurant : "Oh là, Charlotte, vous n'allez pas trébucher sur un gravillon en redescendant vers la vallée, après avoir conquis l'Everest, si ?" Et puis j'étais entourée d'une bande d'entrepreneurs un peu foutraques, indépendants, créatifs, familiers des montagnes russes émotionnelles et financières. Leurs mots à eux furent décisifs : "Allez, Charlotte, fais comme nous. Si tu as un projet, pousse-le et va au bout. Tu verras, tu vas te coltiner des trucs bien pâteux, juridiques, besoin en fonds de roulement, monter un business plan et puis courir après une levée de fonds... mais c'est exactement ce qu'il te faut, pas le temps de gamberger. Et si ça marche, tu auras la sensation de planer..." C'est ainsi que la machine s'est remise à pétarader au printemps 2015. J'ai créé ma boîte le 1er juin.

Cela peut sembler étrange, mais je crois bien ne pas pouvoir apprécier ou mesurer l'impact de ce vécu sur ma vie d'aujourd'hui. Plus exactement, je pense secrètement que je refuse de le faire, pour de multiples raisons. La première est la pudeur ou sa variante, la détestation du pathos. La deuxième, intimement liée à la première, est que toute forme de rumination, retour en arrière, bilan... me fait horreur. La troisième est que je ne me suis jamais senti la vocation d'un porte-drapeau, je ne suis jamais qu'un cas minuscule parmi les plus de 300 000 cancers déclarés chaque année. J'ai besoin de modestie et de relativiser pour vivre pleinement.

Tout cela étant dit, je ne peux me satisfaire de paraître cigale dans le déni et sans conviction. À travers Mister K, je souhaite résolument contribuer à transformer la réalité. "Zéro stock, zéro gâchis" est bien plus qu'un slogan, mais le manifeste de ma marque pour combattre les dérives de l'industrie textile, l'une des plus polluantes. De plus, comme une espèce d'obligation morale, j'ai tenu à ce qu'un pourcentage de nos ventes aille directement à l'institut Gustave-Roussy au profit de la recherche contre le cancer.

Ma philosophie de vie est contenue dans tous les replis du mantra de ma marque, "faire du beau, faire le bien, le faire bien", dont la version sous-titrée serait : esthétique, quête de sens, partage, responsabilité et *carpe diem* !

Évidemment, j'admire Boris Cyrulnik – "tout homme blessé est contraint à la métamorphose", toute femme aussi ! L'épreuve m'a forcément métamorphosée, mais probablement à mon insu. La résilience est un long processus qui obéit à des codes routiniers, dont la patience et une sorte d'éthique de l'abnégation. Or patience et abnégation ne sont pas mon fort. Après l'épreuve et la rémission que j'avais inconsciemment idéalisée, mais qui n'a fait que déclencher des névroses enfouies, je n'avais qu'une hâte : m'envoler et oublier.

Il me semble que la résilience suppose de "métaboliser" les souffrances pour mieux les conjurer, moi je voulais faire comme si tout cela n'avait jamais existé en censurant l'idée que le processus de résilience assumée pourrait être une sorte de patch évitant la récidive. Évidemment, ce n'est pas exactement ça, la résilience, mais je ne peux chasser l'idée que résilience signifie résignation. Je suis irrationnelle et parfois entêtée, je le sais !

En revanche, il est une notion qui me "parle" avec beaucoup plus d'acuité et d'effet concret : la sérendipité. J'ai fait de la tarte Tatin le symbole ludique de ma démarche dans mon entreprise. Ratage culinaire rattrapé *in extremis*, la tarte aux pommes des sœurs Tatin figure en bonne place dans le best of des cas de sérendipité, au même titre que la découverte de l'Amérique ou l'ARN messager ! Autrement dit… innovations nées d'un hasard, eldorado découvert après une erreur de navigation, droites parallèles destinées à ne jamais se croiser mais qui pourtant vont se croiser, bug impensable qui ouvre une porte verrouillée… telle est la sérendipité. Telles sont aussi mon entreprise et ma nouvelle vie, nées dans les décombres d'une épreuve transformée en coup de bol !

"Les gens qui veulent fortement une chose sont presque toujours bien servis par le hasard", avançait Balzac. Ne m'en tenez pas rigueur, cher Boris, mais je préfère la tarte Tatin. »

Clé n° 7

ENTOURE-TOI DES BONNES PERSONNES

Le regard
des autres

Même si l'on s'en défend parfois, le regard des autres nous importe énormément. On accorde beaucoup d'attention à ce que les autres pensent de nous, à ce qu'ils vont dire de nous. Il peut s'agir de nos proches, mais aussi de personnes que nous connaissons moins, qui appartiennent à notre cercle professionnel, ou encore d'inconnus croisés dans la rue. Ce regard peut être nuisible (quand il nous freine, nous empêche d'avancer), mais aussi extrêmement positif (quand il nous tire vers le haut).

Que l'on se le dise, il nous arrive tous d'être dans le jugement vis-à-vis d'autrui. Combien de fois dans notre vie a-t-on jugé une personne sur son physique et sur la manière dont elle était habillée ? Combien de fois a-t-on demandé à quelqu'un ce qu'il faisait dans la vie et tiré des conclusions hâtives sur lui sans vraiment le connaître ? Ces attitudes sont instinctives, humaines, naturelles en quelque sorte, mais il est très important d'apprendre à connaître une personne avant de la juger. C'est d'ailleurs durant mes études à Montréal que j'en ai pris conscience. J'ai même trouvé une différence de comportement entre les Nord-Américains et les Français. J'ai constaté qu'en France on juge beaucoup plus facilement quelqu'un par son apparence qu'au Canada. Et c'est pour ces raisons que j'ai toujours pensé que les Québécois s'assumaient très facilement et étaient beaucoup plus détachés du regard des autres. Ils m'ont beaucoup inspirée.

J'ai le sentiment que le jugement des autres sur moi peut me faire peur, me brider et m'empêcher d'avancer, comme si j'attendais leur approbation pour faire ce que j'ai envie de faire. C'est d'ailleurs pour cela que j'ai hésité plusieurs mois avant de me lancer dans l'entrepreneuriat, car si je n'avais écouté que moi, j'aurais tranché en quelques jours. Ne pas avoir reçu immédiatement l'approbation de mes parents m'a par exemple conduite à réfléchir davantage. La perspective de faire face aux étudiants de ma promotion ou d'autres demandant ce que j'allais faire de ma vie m'angoissait : après tout, entre 20 et 30 ans, on se définit en grande partie par ce que l'on fait dans la vie. Ça a été justement le cas, lors d'une soirée à Noirmoutier (j'y passe tous les étés depuis que je suis enfant). J'ai expliqué à des jeunes que je connaissais que je lançais un déodorant naturel. J'ai vu leur regard, ils me jugeaient. Eux venaient d'accepter des postes dans des groupes prestigieux, des cabinets de conseil, et j'avais l'impression qu'ils me trouvaient complètement perchée. Je crois qu'ils m'imaginaient en train de cuisiner moi-même mes déodorants dans ma cuisine pour aller ensuite les livrer seule à vélo. En réalité, je ne sais pas vraiment ce qu'ils pensaient ; mais leur réaction était un mélange de surprise et d'incrédulité. Ils n'ont ni été enthousiastes ni cherché à en savoir plus. Beaucoup d'autres personnes ont d'ailleurs réagi de la même manière. Un an plus tard, Respire avait été lancée ; nous avions déjà vendu pratiquement un million de produits et la presse avait déjà beaucoup parlé de la marque. J'étais incroyablement fière lorsque je les ai recroisés et qu'ils m'ont félicitée pour ce que j'avais fait !

> **MIEUX VAUT CAPITALISER SUR LES PERSONNES QUI NOUS TIRENT VERS LE HAUT**

La peur de ne pas réussir aux yeux des autres me préoccupait beaucoup. Finalement, je n'avais aucune garantie de réussite, malgré mon envie profonde de me lancer. J'avais peur de devoir assumer mon éventuel échec dans le regard des autres. Mais cela traduit en même temps une volonté de ne pas décevoir les autres, de recevoir leur respect, voire leur admiration : c'est aussi ce qui m'a donné une motivation de l'extrême et la force de tout donner pour y arriver.

Une attitude positive, un regard ultra bienveillant en face de soi, de la part de ses proches en particulier, est vraiment important pour se tirer vers le haut. Les personnes qui comptent le plus pour moi ont ainsi joué un rôle clé dans ma décision. Mes parents n'étaient pas franchement enthousiastes le premier jour où je leur ai parlé de mon projet, mais ils m'ont finalement encouragée et m'ont soutenue, allant jusqu'à signer une reconnaissance de dettes pour m'aider financièrement tout au long de la première année du lancement. Ils ont également mis à disposition toutes les personnes de leur réseau qui seraient susceptibles de m'accompagner dans ce projet. Ma sœur Julia a également joué un rôle crucial à ce

Avec Philippine, ma meilleure amie, celle qui a toujours porté un regard bienveillant sur moi et qui m'a aidée à prendre la décision de me lancer dans l'entrepreneuriat.

moment-là. Elle croyait au projet, trouvait génial que j'aie cette envie et cette motivation ; elle a tout fait pour que je ne doute pas. De la même façon, ma meilleure amie Philippine a toujours su m'aider à prendre la bonne décision, en me forçant à m'interroger sur mes motivations réelles, en me poussant gentiment dans mes retranchements grâce à la discussion. Elle est une sorte de coach : elle me pose les questions qui me permettent de savoir si mes décisions, mes actions sont les bonnes, si je pars dans la bonne direction. Et puis il y avait le regard toujours confiant de Thomas, qui me rassurait et m'a donné l'envie profonde de me lancer.

Aujourd'hui encore, il m'arrive d'accorder beaucoup d'importance au regard que l'on porte sur moi, à ce que l'on pense de moi et des choix que je fais. D'ailleurs, je dois avouer qu'écrire ce livre et anticiper aujourd'hui, en écrivant ces mots, ce que vous allez penser en les lisant est pour moi quelque chose de difficile qui pourrait me faire douter. Je travaille sur cela chaque jour ! L'important, je crois, c'est de se détacher des regards malveillants et d'éviter d'imaginer le pire en matière de jugement extérieur. Mieux vaut capitaliser sur les regards bienveillants, sur les personnes qui nous tirent vers le haut, qui nous aident à nous sentir bien. Et qui savent se réjouir de notre bonheur.

Les tips de l'expert Jean Philip De Tender

Comment gérer le regard des autres ?

✦ Certes, tout le monde a une opinion, mais ne prenez au sérieux que celles qui viennent de personnes qui veulent le meilleur pour vous.

✦ Soyez conscient que votre vue est limitée car vous vivez dans votre bulle. Cherchez la confrontation avec d'autres bulles pour construire un monde plus inclusif.

✦ Dites-vous bien qu'il n'y a pas qu'une vérité.

✦ Assurez-vous que, dans vos cercles d'amis et de collègues, vous avez des gens avec des opinions positives. L'optimisme est un devoir moral.

PHILIPPINE, MA MEILLEURE AMIE, LE SOUTIEN ET LA CONFIANCE

J'ai rencontré Philippine juste avant de partir faire mes études à Montréal ; nous allions intégrer la même école et avons vécu ensemble pendant cinq ans. Elle fait partie de ma vie depuis 10 ans alors c'était très important pour moi d'avoir son témoignage dans ce livre.

« Justine et moi, c'est une histoire de dix ans d'amitié, ce qui à l'échelle de notre vie est déjà très long ! J'ai rencontré Justine avant de partir pour HEC Montréal : là-bas, nous avons emménagé ensemble et passé cinq super années étudiantes. De retour en France, nous avons tout naturellement repris notre indépendance au niveau du logement, mais en continuant à être très proches. Nous nous voyons en moyenne deux ou trois fois par semaine. Et le reste du temps, on s'écrit, on s'appelle. On se dit quasiment tout, on se fait confiance, on s'encourage beaucoup. Justine, c'est la personne que j'appelle si j'ai quelque chose qui ne va pas. Je sais qu'elle va trouver les bons mots, que l'on a cette faculté à se tirer l'une l'autre vers le haut. Ce soutien marche dans les deux sens. Nous avons une relation très saine.

Le fait que l'on travaille dans le même secteur, mais avec des enjeux différents nous permet de porter l'une sur l'autre un regard extérieur qui est assez constructif, ce qui est très enrichissant !

Je suis très admirative de ce qu'a construit Justine. Avant de se lancer dans l'aventure Respire, elle hésitait. Moi, je considérais que mon "job" de meilleure amie consistait à l'encourager car je sentais qu'elle avait très envie de le faire. Évidemment, je ne lui mentais pas. Je lui posais des questions pour l'aider à bien étudier tous les aspects du projet, pour éviter qu'elle n'oublie quelque chose ou qu'elle ne soit déçue ensuite. Mais j'étais persuadée que, quoi qu'il arrive, elle sortirait gagnante de l'expérience et que c'était important qu'elle teste.

Je ne savais pas à l'époque que mon opinion lui importait particulièrement, car elle demandait l'avis de beaucoup de gens pour se nourrir de tous les éclairages qu'elle pouvait recevoir. Je suis heureuse aujourd'hui si elle dit que j'ai pu l'aider dans sa prise de décision, car c'est aussi cela, l'amitié.

Et finalement, tout a super bien marché. Je l'ai vue s'attacher de plus en plus au projet, en tomber amoureuse, s'y investir à 100 % et je trouve cette aventure fabuleuse.

Justine est une success story à elle toute seule, donc forcément, elle ne peut pas être aimée de tout le monde. Elle se nourrit énormément de sa communauté, notamment à travers tous les défis sportifs qu'elle relève, tout ce qu'elle entreprend. Ça la porte, ça la booste, ça lui apporte énormément. C'est un de ses moteurs.

À l'égard des regards malveillants, je pense qu'elle a énormément mûri. Au tout début de sa communauté, un seul commentaire négatif pouvait la déstabiliser. Et puis elle a appris à ne pas trop y prêter attention, et à finalement se servir de ce phénomène pour faire le tri entre les personnes qu'elle voulait conserver dans sa sphère et les autres. Elle rebondit souvent sur les avis négatifs et elle cherche à réfléchir sur les sujets soulevés, on en discute ensemble, et cette démarche l'aide à évoluer, à avoir de nouvelles idées.

Justine a une grande force : elle sait s'entourer des personnes positives qui lui font du bien, mais aussi tirer des leçons des apports plus négatifs pour les transformer en positif. Je reste admirative et hyper fière d'elle. Elle se bat tous les jours. Pour son âge, c'est quand même une sacrée femme ! Je sais qu'elle ira loin, quoi qu'il arrive. »

Le pouvoir
de la communauté

Au-delà de notre cercle proche, les réseaux sociaux créent de vraies connexions entre les personnes. S'ils permettent d'apporter beaucoup de soutien et de bienveillance dans nos projets professionnels ou personnels, il faut savoir les utiliser à bon escient... Oui, les communautés peuvent jouer un vrai rôle dans nos vies.

Avant de me lancer sur les réseaux sociaux, je n'imaginais pas une seule seconde la place que pourrait prendre la communauté dans de nombreux aspects de mon existence.

Au début, seuls mes amis me suivaient : je postais des photos sur le thème du running, me montrant en train de courir et de m'entraîner avec ma mère. Je sentais bien que les personnes qui pratiquaient le même sport que moi trouvaient ça sympa et m'encourageaient à partager, mais celles qui ne couraient pas ou qui n'étaient tout simplement pas présentes sur les réseaux ne comprenaient pas mon délire et me jugeaient...

Sur un plan purement personnel, les réseaux sociaux ont à ce moment-là constitué ma plus grande source de motivation. Certains hashtags m'ont beaucoup aidée pour rencontrer des coureurs à qui demander des conseils et avec qui échanger. Ma technique consistait à mettre par exemple sous mes posts le hashtag « #semideparis », et ça me permettait de trouver toutes les personnes qui le couraient et partageaient sur Instagram, pour ensuite entrer en contact avec elles.

Les réseaux sociaux permettent avant tout de créer des communautés de personnes qui se retrouvent parce qu'elles partagent les mêmes passions, les mêmes envies, les mêmes sujets de discussion. Ils permettent de recevoir de la motivation, des encouragements, du partage, des conseils, du soutien. Ainsi, même si je ne les connais pas dans la vraie vie, certaines personnes avec qui j'échange sur les réseaux comptent beaucoup pour moi : elles m'ont aidée à progresser en course à pied, à me donner confiance et surtout elles m'ont aidée à lancer Respire.

Lorsque l'on se lance, c'est important d'être bien entouré. Or on n'a pas toujours dans son entourage des personnes qui partagent notre activité. Il ne faut donc pas hésiter à sortir de son cercle proche, via les outils numériques, mais aussi en allant chercher du côté des associations. J'ai donc continué à partager. J'ai rencontré de nouvelles personnes grâce aux réseaux, et ma communauté a grandi très vite...

Lorsque je me suis lancée dans Respire, j'ai annoncé le début de mon projet sur les réseaux sociaux, et j'ai reçu en retour des messages ultra positifs, bienveillants et encourageants. Ça m'a donné encore plus confiance : j'avais le sentiment que des milliers de personnes étaient là, avec moi, embarquées dans cette aventure, prêtes à vivre les bons moments comme les plus difficiles. Et c'est pour ça que je n'hésite pas à raconter ma vie, mon aventure entrepreneuriale sur les réseaux, et à me livrer (avec une certaine limite, toujours).

J'ai toujours dit que la communauté était la clé du succès de Respire et j'ai eu la chance de la rencontrer à plusieurs reprises, grâce aux Respire Tours que nous avons organisés dans toute la France ! À Bordeaux, Toulouse, Lille, Nantes, Lyon, mais aussi lors d'événements dans nos bureaux, j'ai pu vivre en live des échanges que je n'aurais pas imaginé pouvoir avoir... Passer des échanges virtuels à une vraie rencontre, c'est magique. Parmi les personnes avec qui j'échange, beaucoup me disent que je les inspire et que c'est pour cette raison qu'ils me suivent sur les réseaux. Mais en réalité, ce sont EUX qui m'inspirent : ils m'aident à faire ce que je fais, à être celle que je suis aujourd'hui, ils me donnent confiance !

Aujourd'hui, les comptes de Respire et les miens cumulent environ 500 000 abonnés. C'est dingue de se dire qu'un demi-million de personnes nous soutiennent dans cette aventure et nous portent. Bien sûr, le fait d'être très active sur les réseaux sociaux présente aussi des risques et des aspects néfastes. Lorsque l'on s'affiche publiquement, que l'on se montre et que l'on assume, on peut se trouver confronté à des personnes malveillantes qui n'hésitent pas à essayer de faire mal aux autres. Il m'est ainsi arrivé à plusieurs reprises de recevoir des messages extrêmement violents envers moi, envers Respire, de devoir répondre à des arguments infondés, à des détracteurs qui ne cherchent ni à comprendre ni à discuter. Je suis ouverte à la discussion constructive, au fait que des personnes ne sont pas en accord avec ce que je fais, mais la méchanceté gratuite sur les réseaux sociaux, il faut s'en méfier et réussir à s'en détacher. Cet apprentissage est aussi le prix à payer quand on accepte de s'exposer.

Je me souviens notamment d'un article qui est sorti sur Respire en mars 2020. La rédactrice m'attaquait directement, en critiquant le fait que j'incarnais Respire, que je m'exposais sur les réseaux sociaux. Cela m'a fait mal. J'ai même ressenti ensuite un blocage : je n'avais plus envie de poster, je ressentais une peur nouvelle, celle d'être incomprise, jugée.

Il faut souligner que, sous cet article incendiaire, il y avait beaucoup de commentaires dont largement plus de la moitié était des messages de soutien, qui me défendaient. Mais je me focalisais sur les quelques retours négatifs, sans voir les milliers de messages positifs !

J'ai dû me créer une carapace. Mon coach, Jean Philip De Tender m'a beaucoup aidée à me détacher du regard et du jugement des personnes malveillantes, et à me concentrer sur les retours valorisants, qui m'aident quotidiennement à avancer et m'apportent du soutien.

Il faut que je réussisse à me focaliser sur cette bienveillance ! La raison nous commande de nous nourrir des 99 % de positif... et de faire abstraction du 1 % de négatif qui nous blesse.

Les tips de l'expert Jean Philip De Tender

Comment composer avec le pouvoir de la communauté ?

✦ Lorsque vous êtes dans une réunion ou une fête, ne parlez pas seulement avec ceux que vous connaissez le mieux, mais recherchez le contact des personnes qui se trouvent en dehors de votre zone de confort. Il se pourrait que vous découvriez de nouvelles connexions intéressantes !

✦ Si vous êtes timide pour rencontrer de nouvelles personnes ou pour nouer de nouveaux contacts, sachez que les autres personnes peuvent être aussi timides.

✦ Si vous écrivez de beaux messages aux gens, de beaux messages vous reviendront.

MEGHAN, DE LA COMMUNAUTÉ RESPIRE, AU CŒUR DE L'AVENTURE

« J'ai 22 ans et depuis toute petite, je suis passionnée par le dessin. Je suis actuellement en master d'urbanisme et, en parallèle, je consacre beaucoup de mon temps à l'illustration, notamment en partageant mes créations sur Instagram. J'adore recevoir des retours d'autres personnes, c'est très encourageant.

J'ai connu Respire via les réseaux et par l'émission qui est passée sur M6. J'ai intégré la communauté car j'ai testé les produits et j'ai rapidement rempli ma salle de bains de ces "pépites", comme j'aime les appeler. C'est LA découverte qui a révolutionné mon quotidien !

Ce que j'aime avec Respire, c'est la communication qui s'opère entre la communauté et la Team ; tout est simple, on se parle tous comme si l'on était une grande famille. Ils sont vraiment à l'écoute de nos besoins. Cette marque est une symbiose mêlant beaux projets et belles valeurs... et cette *good vibe* à l'image de Justine, qui sourit toujours ! Je me sens fière de faire partie de cette communauté, d'utiliser des produits sains pour moi et pour la planète, conçus par une chouette équipe. Je suis toujours heureuse de les conseiller à mes proches. C'est la première fois que j'éprouve un sentiment d'appartenance aussi fort : je ne suis pas simple spectatrice extérieure, c'est comme si j'étais au cœur de l'aventure. »

1 + 1 = 3

Chacun de nous est maître de sa vie et décide de faire entrer telle ou telle personne dans son cercle, pour avancer avec elle sur le plan amoureux, amical ou professionnel. Ces personnes peuvent nous apporter ce qui nous manque, ou simplement renforcer des facettes de notre personnalité. Certaines d'entre elles nous ressemblent, d'autres nous complètent. Et la plupart nous aident à tirer le meilleur de nous-mêmes. Il faut juste le savoir et l'accepter.

« 1+1=3 » est un concept que j'aime beaucoup : deux individualités se complètent pour créer une énergie plus forte que la simple somme de leurs facultés. Pourquoi cette idée est-elle si importante pour moi ? Parce que mon aventure entrepreneuriale est basée sur cette équation ! Thomas est mon « +1 » qui me permet d'aboutir à notre « 3 ». C'est l'homme de l'ombre de Respire, et il fait rayonner la marque tout autant que moi.

Nous nous sommes rencontrés début 2018 par l'intermédiaire de notre entourage. Dès le début, nous avons vécu ce que j'appellerais un coup de cœur professionnel. Il a une personnalité assez imposante, il est sûr de lui, il sait ce qu'il veut, il sait où il va. Et quand il a eu en tête de se lancer dans l'entrepreneuriat et qu'il m'a dit que si nous avancions ensemble, le projet serait plus beau, il en était convaincu... et il m'a convaincue. C'est presque même ce qui m'a décidée à me lancer. Il avait confiance en moi, et donc me donnait confiance en moi. Nous avons véritablement pris la décision de nous lancer ensemble dans cette aventure entrepreneuriale trois mois après notre rencontre, et nous avons commencé à travailler tous les jours chez l'un ou chez l'autre dans la foulée. Nous apprenions à faire connaissance au fur et à mesure, pendant nos sessions de travail et de running. Et puis nous avons loué un espace de coworking où nous nous retrouvions tous les jours. Nous avons découvert nos complémentarités. Nous n'avons pas les mêmes forces ni les mêmes faiblesses, et d'ailleurs les forces de l'un comblent souvent les faiblesses de l'autre, c'est assez troublant. Nous sommes très souvent d'accord et, dans les cas où nous ne le sommes pas, chacun argumente pour parvenir à la bonne décision. Je crois que les deux aspects les plus importants de notre relation professionnelle, c'est que nous nous faisons entièrement confiance et que nous sommes extrêmement honnêtes l'un avec l'autre. Dès que quelque chose me dérange, me tracasse, m'agace, je lui dis !

Même si Respire a aujourd'hui bien grandi, que nous sommes désormais plus de vingt-cinq dans l'entreprise, et que nos rôles respectifs ont beaucoup changé, ceux-ci restent toujours très complémentaires. Nous avons d'ailleurs toujours souhaité nous entourer de personnes qui possèdent des compétences que nous n'avons pas pour obtenir la meilleure synergie. C'est ce qui nous permet de faire grandir Respire. Nous comptons aussi sur nos mentors, qui nous soutiennent et nous aident depuis le début, nous conseillent, répondent à nos questionnements, donnent leur avis. Ils ont déjà été confrontés à des difficultés similaires aux nôtres, ils sont capables de nous orienter grâce à leur expérience. Ces personnes-là font aussi notre force aujourd'hui, car elles nous aident à nous développer tous les deux dans la même direction. Il ne faut pas hésiter à nous entourer de ces personnes compétentes et complémentaires qui vont savoir apaiser nos peurs et nous rassurer sur des sujets que l'on ne maîtrise pas forcément.

Les tips de l'expert
Jean Philip De Tender

Comment créer une bonne synergie ?

✦ Ne vous entourez pas de personnes qui vous ressemblent : c'est ennuyeux. Recherchez des personnes avec des points de vue différents qui vous rendront plus fort.

✦ Ne jugez jamais personne. Essayez de comprendre pourquoi les gens se comportent comme ils se comportent. Il y a peut-être une bonne explication.

THOMAS MÉHEUT,
CO-FONDATEUR DE RESPIRE,
LA BIENVEILLANCE ET LE RESPECT

Thomas est un acteur majeur de mon existence, je n'aurais jamais fondé Respire sans lui. On a appris à travailler ensemble et à gérer les bons comme les mauvais moments. C'est ce qui fait la force de notre association.

« Au début, Justine et moi étions tout feu tout flamme, nous faisions tout à deux. Maintenant que notre équipe compte vingt-cinq personnes, notre relation de travail est nécessairement devenue plus structurée. Tous les lundis matin, nous discutons de manière formelle des problématiques du moment et nous prenons des décisions ensemble. Le reste du temps, nous nous parlons tous les jours pour échanger des conseils et avancer sur les questions stratégiques. Lorsque nous avons du mal à prendre une décision, nous nous appuyons sur les conseils de personnes de confiance pour cheminer ensuite ensemble dans notre réflexion.

Nous avons toujours été très complémentaires. Justine incarne la marque, va convaincre sur le terrain de la validité de notre mission, et est intimement liée à la communication de Respire. Je travaille à l'arrière sur les développements produits et la fiabilité du business, je m'assure que tout ce que l'on vend est bien réel.

Dans notre relation, il y a beaucoup de bienveillance et de respect, ce qui nous permet de fonctionner facilement et efficacement. Lorsqu'il y a des points de tension, l'admiration mutuelle que nous nous portons nous permet de toujours conserver un petit cocon qui nous donne la certitude de pouvoir échanger et régler les différends. C'est finalement une relation assez rare, que je n'avais jamais connue. C'est une relation business – qui s'apparente à un mariage : on est liés et quoi qu'il arrive il faut gérer les bons et les mauvais moments ensemble –, mais teintée d'une dimension affective et émotionnelle forte qui fait que l'on s'assure toujours que l'aspect humain fonctionne bien au-delà de l'aspect professionnel.

Ce que j'admire chez Justine, c'est qu'elle est toujours en mouvement et qu'elle a la capacité de transmettre naturellement cette dynamique. Elle a besoin de cette énergie-là pour avancer, et c'est aussi ce qui la rend fascinante. Elle a ce pouvoir de faire énormément de choses, de rencontrer plein de gens différents, de proposer de multiples projets... et devenir cette personnalité très riche qui transparaît dans Respire. De mon côté, je lui apporte le cadre qui permet de rester concentrés sur notre mission fondamentale. Je reste toujours très attentif à nos objectifs, à nos contraintes, à nos moyens ; je veille à ce que nos ambitions restent en adéquation avec la réalité.

Je suis très fier de tout ce que l'on a fait ensemble sur Respire jusqu'à présent, et je sais que je n'aurais pas été capable de le faire seul. Je pense que Justine seule ne se serait pas non plus lancée dans l'aventure. En associant nos compétences et nos personnalités, en travaillant ensemble, nous avons créé quelque chose d'un peu magique, une alchimie positive.

Lorsque j'ai rencontré Justine, j'ai tout de suite senti qu'il y avait une énergie entre nous, sans que je puisse me l'expliquer vraiment. J'ai fait confiance à mon cœur sans chercher à tout comprendre. Rétrospectivement, je crois que ce qui nous réunit avec autant de force, c'est notre envie de toujours aller de l'avant, d'être actifs, et cela nous porte encore aujourd'hui. J'ai une grande confiance dans la solidité de notre relation.

De manière générale, j'ai besoin de me sentir en confiance et j'ai donc plutôt tendance à m'éloigner des personnes qui critiquent ou qui ont une vision négative des choses, même si elle est réaliste. Parce que je cherche l'énergie dont j'ai besoin pour aller de l'avant, qui me mette dans un état d'esprit qui me donne envie de continuer. Justine est un excellent exemple de cet état d'esprit positif : on l'écoute pour le contenu qu'elle défend, mais aussi pour ce qu'elle dégage, pour l'énergie positive qu'elle envoie.

Je pense que cette énergie se situe dans la tête, mais aussi dans le corps. Une personne dynamique est aussi une personne qui bouge, qui agit, et pour cela elle a besoin d'un corps en bonne santé et de prendre soin d'elle. Je suis persuadé qu'avoir un bon sommeil, se nourrir correctement et faire du sport aide à se sentir bien dans sa tête, à réfléchir sereinement et à créer un rayonnement autour de soi. J'ai pour ma part un rapport au sport important, et je fais du théâtre, ce qui me permet de m'exprimer d'une autre manière avec mon corps. Lorsque nous cherchons de nouveaux collaborateurs pour Respire, le rapport au corps fait d'ailleurs partie de nos critères de recrutement... et ce n'est pas une surprise si notre équipe compte de nombreux sportifs de très bon niveau, des musiciens, des personnes qui pratiquent des activités culturelles !

J'aime penser le corps comme détaché de l'esprit. Nous habitons un corps que l'on nous a donné, qui nous permet de faire beaucoup de choses, et nous devons en prendre soin comme d'une seconde personne, car il est aussi une source de bonheur. »

JEAN PHILIP DE TENDER

Coach exécutif

Jean Philip De Tender travaille dans les médias depuis plus de trente ans. Il est devenu un expert senior en organisation d'événements de grande envergure. Il s'intéresse avant tout à la gestion des équipes, à la responsabilisation des individus et au coaching, discipline dans laquelle il est également diplômé. Il m'accompagne en tant que coach depuis août 2019.

« Les médias ne ressemblent à aucune autre entreprise. Il s'agit uniquement de gérer des personnes… et leur créativité. Les professionnels de ce secteur ont tendance à avoir des hauts et des bas. Au fil des ans, j'ai appris à vraiment les écouter, à lire entre les lignes et à les soutenir afin qu'ils puissent faire leur travail. Justine et moi nous sommes parlé une première fois au téléphone et nous avons tous les deux eu le sentiment que nous pourrions très bien nous entendre. La règle de base en coaching est que deux parties ne commencent jamais un contrat sans ressentir une vraie confiance mutuelle.

Quel est mon rôle en tant que coach ? Fondamentalement, je fais travailler Justine : je l'aide à réfléchir au "quoi", au " pourquoi" et au "comment" des choses qu'elle fait. Sur le plan professionnel, quoique la frontière qui sépare certaines questions de la vie privée soit parfois très fine. Dans nos conversations, nous mettons la réalité en pause et revisitons ce qu'elle fait. Je suis comme un miroir, or un miroir a un pouvoir fantastique : il vous permet de vous voir vous, mais ce n'est pas vous. C'est vous et une copie de vous. Le simple fait de regarder un miroir vous fait vous regarder d'une manière différente. Cet autre point de vue est très important.

Lors de nos séances, Justine et moi discutons souvent de la personne, du rôle et de l'organisation. Il n'y a qu'une personne, mais plusieurs rôles dans plusieurs organisations. Justine est cofondatrice de Respire et partenaire de Thomas en tant qu'associée. Justine est la fille de ses parents et la sœur de sa sœur. Elle est aussi l'amie de ses amis, et la patronne de ses subordonnés directs. Et nous pourrions continuer. Justine est toujours Justine, mais la manière dont elle assume un rôle dépend de chaque organisation. Lors d'une mauvaise journée, elle peut être grincheuse avec son équipe ou en retard pour le dîner avec sa sœur. Pour elle, assumer tous ces rôles dans toutes ces organisations, eh bien... c'est compliqué de temps en temps. C'est probablement pour cela que Justine a frappé à ma porte au départ, pour que je l'aide à trouver des solutions à cette situation. Je m'y efforce. Je l'écoute et je lui propose des outils pour regarder les choses sous un nouvel angle. L'une des premières choses que nous avons faites a été de cartographier tous les rôles et toutes les organisations potentielles, ce qui lui a sans doute permis de gérer plus facilement le problème auquel elle était confrontée.

Ce que j'ai proposé à Justine, c'est de se regarder de différentes manières. C'est aussi ce que j'essaie d'appliquer à ma propre vie. Nous vivons tous dans une bulle, mais se regarder différemment et inviter les gens à collaborer est tellement gratifiant ! Au cours de ma carrière professionnelle, j'ai appris à m'entretenir avec les autres. J'aime leur soumettre l'énigme et leur demander comment ils la résoudraient. J'aime parler avec des amis et des collègues qui sont aux prises avec des problématiques similaires ou différentes et les inviter à les présenter sous un nouvel angle. En fin de compte, toutes ces idées sont fondatrices. Et souvent, je ne sais plus si j'ai fourni la solution ou si elle est venue de l'autre. Cela n'a pas d'importance. En fin de compte, seul compte ce que chacun réalise. »

Clé n° 8

PRENDS SOIN
DE TOI

Du temps pour soi

Notre corps est capable d'énormément de choses, grâce à notre mental qui développe cette force de croire en nos capacités et sa volonté de nous emmener au bout de nos projets. Mais pour mener à bien nos projets, il est important de prendre en considération la récupération et le repos dont notre corps a besoin pour être au top de ses capacités.

Notre corps et notre mental ont besoin que l'on prenne soin d'eux. Quand on est à fond dans nos objectifs, on perd parfois de vue l'importance de faire des « pauses ». J'entends par là, de vraies pauses pour couper, quelques heures ou quelques jours.

C'est en me mettant à fond dans la course à pied et en lisant beaucoup dessus que j'ai découvert l'importance de la récupération. Je téléchargeais des plans d'entraînement en ligne pour préparer mon premier marathon et je voyais toujours des journées avec écrit « repos ». Ça signifiait que ces temps de « repos » font partie intégrante du plan d'entraînement. C'est aussi en rencontrant de nombreux athlètes et en échangeant avec eux que j'ai compris que la récupération fait partie de leur quotidien et de leur stratégie d'entraînement pour atteindre leurs objectifs de médaille. Ils ont des jours sans sport qui sont leurs journées de récupération, et elles sont aussi productives qu'une journée d'entraînement intense. C'est ce qui permet à leur corps d'être encore plus performant.

Alors si c'est valable dans le sport, pourquoi ça ne le serait pas dans notre vie professionnelle ? Je suis convaincue que nous avons besoin de temps de récupération, que ce soit pour notre corps physique ou notre mental, il faut leur octroyer des pauses, être capable de décrocher, de « se vider la tête », de se reposer…

Quand on est à fond dans son projet avec un objectif droit dans le viseur, on ne pense qu'à ça et l'on a du mal à s'octroyer du temps pour soi. La première chose que j'ai trouvée difficile, c'était de faire la part des choses entre ce que je considérais comme du travail et ce qui n'en est pas. Je peux très bien partir quelques jours et ne pas ouvrir mon ordinateur, tenter du mieux que possible de ne pas ouvrir mes e-mails sur mon téléphone et désactiver les messages sur Slack (la messagerie instantanée que l'on utilise en interne). Mais étant très présente sur les réseaux sociaux, je me demande toujours si je dois couper pendant les vacances, puisque j'y suis à la fois par plaisir parce que j'adore échanger avec la communauté, mais aussi d'un point de vue professionnel puisque c'est ce qui permet de développer et d'animer la communauté de Respire.

PRENDRE DES MOMENTS POUR SOI N'EST PAS UNE PERTE DE TEMPS

Je ne sais pas si j'ai trouvé la bonne stratégie, mais je le fais finalement en fonction du moment et de l'humeur dans laquelle je suis. Il y a des vacances où j'étais très heureuse de partager quelques moments sur les réseaux et de suivre toujours ce qu'il s'y passait, et puis il y a eu d'autres fois, notamment début 2021, où je suis partie avec mes deux amies Philippine et Sixtine, et je n'ai pas partagé une seule image de ces quelques jours, je n'ouvrais même pas Instagram et ça m'a complètement ressourcée. Quand je suis revenue à Paris et que je me suis reconnectée, j'avais pour la première fois depuis le lancement de Respire eu le sentiment de m'être octroyé du temps, de n'avoir pensé qu'à moi et d'avoir vidé ma charge mentale pour recharger à fond mes batteries.

À l'inverse, j'ai passé une semaine à Chamonix en août 2021 lors de l'UTMB (Ultra-trail du Mont-Blanc), un événement regroupant plusieurs courses de trail autour du mont Blanc et notamment la plus connue, celle de 171 kilomètres qui fait tout le tour du mont Blanc et traverse la France, l'Italie et la Suisse, que j'ai suivie pour encourager les coureurs et que j'ai relayée sur les réseaux sociaux pour faire vivre l'ambiance de cette course à ma communauté. J'ai également participé à une des courses, la plus petite, la MCC (ces lettres signifient que le départ est de Martigny-Combe et l'arrivée à Chamonix), une course de 40 kilomètres avec 2 300 mètres de dénivelé positif dans les montagnes suisses et françaises. C'était donc une semaine très sportive et très connectée puisque j'ai beaucoup communiqué sur cet événement qui me faisait vivre des émotions hors du commun, mais je suis tout de même revenue de vacances pleine d'énergie et avec le sentiment d'avoir pris du temps pour moi car j'étais dans mon élément, en pleine nature, au milieu des montagnes, avec des passionnés de trail et de sport comme moi. J'ai compris ce qu'il me fallait pour me ressourcer et aller mieux : aller au milieu de la nature. J'avais d'ailleurs déjà fait ça, en janvier 2021 avec ma mère lors d'un merveilleux voyage en Laponie pour aller observer les aurores boréales, c'était avec l'organisation Explora Project, dont le fondateur témoigne à la page suivante. C'était une semaine hors du temps ; nous étions connectées à nos sens, à ce que la nature nous offrait (d'ailleurs, nous avons eu la chance de voir de merveilleuses aurores boréales quatre soirs sur sept, c'était exceptionnel).

Ce que je souhaite dire à travers tout ça, c'est écoutez-vous, faites des choses que vous aimez, des choses qui vous prennent aux tripes, qui vous ressourcent, et le tout entouré des personnes qui vous font du bien ! C'est ça, prendre du temps pour soi.

Bien sûr, ces temps calmes peuvent aussi se présenter sous forme d'une séance de sport, d'une soirée télé sur son canapé, d'une grasse matinée le week-end, d'un massage… et juste être capable de dire non à certaines propositions, à certains événements quand on sait que ça va faire finalement « trop » dans notre organisation. C'est peut-être la chose la plus difficile pour moi, apprendre à dire non, ne pas accepter toutes les sollicitations et réaliser que je ne peux pas tout faire, mais j'ai appris à m'écouter et à mieux gérer mon énergie.

À mon arrivée en Laponie en janvier 2021, quand je découvrais ce paradis blanc après quinze heures de train de nuit, c'était complètement dépaysant et exactement ce qu'il me fallait !

STAN GRUAU,
COFONDATEUR D'EXPLORA PROJECT,
SE RECONNECTER À LA TERRE

J'ai rencontré Stan dans le cadre de sa marque Explora Project et des belles expéditions que j'ai pu faire, notamment «mon premier quart de nuit» sur un voilier à Marseille en famille avec un skipper génial, et plus récemment l'expédition en Laponie mère-fille, qui était exceptionnelle.

« J'ai eu une enfance et une construction affective tout à fait privilégiées. Des parents stricts mais aimants et bienveillants qui m'ont appris l'importance de la famille, de la valeur travail et du sport pour se sentir bien dans son corps !

Après des études à l'Edhec, à Lille, j'ai certainement fait un mauvais choix en m'orientant vers le trading pour commencer ma carrière professionnelle. Mes motivations principales étaient sociales et financières, c'est-à-dire probablement les deux pires motivations qui soient, puisqu'il s'agit de deux quêtes sans fin qui mènent irrémédiablement celui qui les poursuit à la tristesse !

Je devais compenser par du sport le stress de cette profession, qui, je le sentais, m'abîmait le corps et l'esprit, pour me reconnecter avec moi-même. À mesure que mes horaires et mes responsabilités grandissaient, je passais de plus en plus de temps à courir, le soir ou la nuit !

Je prenais le RER depuis Paris centre jusqu'à mon lieu de travail en banlieue parisienne et j'avais pris l'habitude, tous les matins, d'écrire des carnets sur ce projet Explora qui commençait à germer dans ma tête. Le soir, je rentrais en courant (22 kilomètres) avec toutes mes affaires dans un sac à dos de randonnée de quarante litres.

J'ai radicalement changé de vie à 30 ans. Quelques secondes après la naissance de ma première fille, je me suis surpris à allumer mon téléphone pour regarder l'évolution des marchés financiers et de ma position de trading. Ce jour-là, j'ai compris que mon travail de trader était absurde. J'étais en train de passer à côté de ma vie. J'avais appris beaucoup de choses, assumé des responsabilités en centaines de millions, géré une équipe de plus de cent cinquante traders dispersés dans quinze pays. J'avais beaucoup appris sur moi-même, mais il fallait que ça s'arrête. Je me suis autorisé à tourner la page, à éteindre ces murs d'écrans. J'ai démissionné.

Explora Project a vu le jour en 2018. C'est une agence de voyages d'aventure durable. Notre souhait est de faire vivre aux femmes et aux hommes ordinaires que nous sommes des expériences et des émotions extraordinaires en outdoor, qui les sortent de leur quotidien. C'est accompagnés de guides-explorateurs passionnés que ces voyages s'organisent pour être au plus près de la nature et dans tous les environnements possibles : haute mer, haute montagne, forêts et vallées, eaux vives, déserts ou encore terres polaires.

Ma nouvelle vie d'entrepreneur est en quelque sorte une renaissance. J'ai l'impression aujourd'hui d'être à la bonne place. Travailler une vision, la partager, améliorer les process, réfléchir aux besoins et ajuster les produits, faire grandir mes collaborateurs : voilà tout ce que j'aime faire !

Le rythme effréné de cette expérience entrepreneuriale fait que j'ai moins de temps pour moi. Je conserve des moments privilégiés en famille, et souvent en déconnexion (vanlife, trek, voyages). Je participe à quelques expéditions par an sur quelques jours, ce qui me permet de toujours être bien connecté à la terre. C'est ma manière de prendre du temps pour moi. »

On ne rigole pas
avec le sommeil

Le sommeil est un facteur absolument essentiel pour prendre soin de son corps, car dormir nous offre la possibilité de remettre le compteur de notre corps à zéro pour commencer une nouvelle journée en pleine forme ! Il existe des principes généraux à respecter, mais nous avons tous des besoins différents dans ce domaine, et il faut donc apprendre à se connaître.

J'ai pendant longtemps accordé peu d'importance à mon sommeil, mais depuis que j'ai beaucoup d'activités à mener de front au cours de mes journées, mille choses dans la tête et l'obligation de tenir le rythme chaque jour, le sommeil est devenu pour moi une des clés qui me permettent de tenir sur le long terme.

Je sais qu'il me faut huit heures de sommeil par nuit. Bien sûr, d'autres ont besoin de beaucoup moins, mais ça ne sert finalement pas à grand-chose de se comparer, ce qu'il faut, c'est apprendre à se connaître. Si je n'ai pas au moins sept heures de sommeil, j'ai un mal fou à me lever, je reporte mon réveil plusieurs fois et je me sens fatiguée toute la journée.

Je m'efforce de m'accorder ce temps de repos qui m'est nécessaire, en me couchant autant que possible toujours à la même heure, et pas trop tard (dès que je me couche après minuit, je sais que le réveil va être compliqué). Bon, vous vous en doutez, j'aime aussi voir des amis, faire la fête, regarder la télé le soir... mais lorsque cela m'arrive, je l'assume et je m'autorise à décaler mon heure de réveil (dans la mesure du possible) pour avoir mon quota de sommeil et me lever du bon pied. Je m'efforce de gérer mes nuits en les adaptant à mes besoins, pour être au meilleur de moi-même chaque jour.

Et quand j'ai vraiment un gros coup de fatigue, la sieste est un très bon moyen de récupérer à court terme. Il m'arrive (très rarement, seulement en cas de très grosse fatigue) de faire une sieste rapide, une « quick nap » de quinze à vingt minutes, au moment de la digestion. Car finalement… quand on a les yeux qui se ferment tout seuls devant l'ordi… mieux vaut s'arrêter et dormir quinze minutes plutôt que de lutter et se sentir mal tout l'après-midi !

Je ne suis pas une spécialiste, mais j'ai identifié différents types de situation face au sommeil, que j'essaie de gérer au mieux lorsqu'ils se présentent.

• Certains soirs, le sommeil vient tout seul, je m'endors hyper vite et je dors d'une traite d'un sommeil réparateur toute la nuit. Je me réveille le matin sans avoir eu conscience du temps passé, je me sens hyper bien, ressourcée.

SE CONNAÎTRE
POUR S'ADAPTER
À SES BESOINS

• Il y a les soirs où je ne me sens pas fatiguée et où je n'ai pas envie de m'endormir… Ces débuts de nuit sont généralement annonciateurs d'un lendemain difficile car, si je n'y prends pas garde, je risque de m'endormir trop tard et de ne pas avoir mon quota d'heures de repos. J'ai donc appris à me discipliner : je me force à m'allonger dans mon lit, je ferme les yeux et je tente coûte que coûte de m'endormir (je vous parlerai plus loin de la méditation pour dormir, qui m'a beaucoup aidée à mieux gérer mon sommeil et surtout à mieux l'apprécier).

• D'autres fois, je m'endors sans trop de problèmes mais mon sommeil est agité : je me réveille plusieurs fois dans la nuit, je pense à Respire, aux choses que je n'ai pas faites, aux choses que je dois faire, je grince des dents pendant la nuit (du coup, j'ai mal à la mâchoire au réveil). Pendant ces nuits-là, selon moi, mon corps m'envoie des signaux destinés à me faire comprendre qu'il faut que je lève le pied. Cela m'arrive dans les périodes de stress ou quand quelque chose me tracasse. Je comprends ainsi qu'il faut que je change ma façon de faire ou que j'en parle pour me « libérer » de cette charge mentale. C'est ce que je fais. Et si je m'aperçois que j'enchaîne plusieurs nuits agitées (c'est quand même assez rare), alors ni une ni deux, je me programme un week-end off dès que cela m'est possible, je prends quelques jours pour partir de mon appartement et me couper de mon quotidien.

Bref, une chose que j'ai apprise dans ces dernières années, c'est l'importance du sommeil, du besoin de se reposer. C'est une des clés pour se sentir bien et donc accomplir de grandes choses !

Bien dormir est la clé pour être énergique, dynamique et atteindre nos objectifs !

SÉBASTIEN SIMON, SKIPPER, FOCALISER SON ÉNERGIE SUR L'ESSENTIEL

J'ai rencontré Sébastien à travers Respire, et son histoire m'a beaucoup inspirée. J'ai toujours été impressionnée par le métier de skipper et toutes les concessions que ça demande. Suivre Sébastien sur le dernier Vendée Globe a été une expérience incroyable. Même s'il n'est malheureusement pas allé jusqu'au bout, j'avais suivi sa course avec beaucoup d'adrénaline.

« J'ai été initié très jeune à la voile par mon père. À l'âge de 12 ans, j'ai découvert la compétition et j'ai été happé par cet univers. Tout en progressant avec passion dans l'univers des courses, j'ai suivi une formation d'ingénieur à l'ENSCBP Bordeaux. J'ai travaillé sur plusieurs sujets, comme l'adaptation d'un système de pilotage sur un bateau de pêche au Québec, sur la simulation de réduction des émissions de gaz à effet de serre sur différentes traversées des océans…

En 2014, je me suis imposé lors du challenge Bretagne CMB en Figaro Bénéteau 2, et cet événement a marqué le début de ma carrière professionnelle. Sur le très exigeant circuit Figaro, j'ai fait mes classes parmi les meilleurs marins et n'ai cessé de travailler pour atteindre mes objectifs. Après trois victoires d'étape et deux podiums en à peine cinq ans, j'ai décroché une victoire sur la Solitaire Urgo Le Figaro et le titre de champion de France élite de course au large en 2018.

Soutenu par Arkéa et Paprec, je me suis lancé en 2018 sur le circuit IMOCA, classe reine des bateaux du Vendée Globe, où j'ai remporté ma première course : la Bermudes 1000 race. En seulement deux années, j'ai vécu un double rêve : construire un bateau et m'aligner sur le départ du Vendée Globe 2020.

J'ai toujours rêvé de la course au large sans pour autant imaginer qu'un jour je ferais partie de ces marins un peu fous... Je suis heureux d'avoir réussi à m'entourer des bonnes personnes pour m'aider à relever ces défis extraordinaires. La course au large est un sport mécanique et, même si une fois le départ de la course donné je suis seul à bord, j'ai besoin de m'entourer d'une équipe avec plusieurs domaines de compétence pour atteindre les objectifs fixés.

Traverser les océans demande une préparation technique, mais aussi une préparation physique et mentale. Sur ces derniers points, chacun est différent. L'important est d'apprendre à se connaître, de s'écouter et de focaliser son énergie sur l'essentiel.

La gestion du sommeil à bord vient avec le temps, c'est le fruit d'un apprentissage. À mes débuts, j'ai régulièrement été en dette profonde de sommeil. Les conséquences ont été terribles pour la gestion de ma course : perte d'équilibre, perte de lucidité, hallucinations visuelles et auditives... C'est une limite à ne pas atteindre quand on veut rester performant. Depuis, j'ai eu l'occasion de travailler avec des chercheurs pour comprendre les clés du sommeil, grâce à différentes expériences.

Un cycle de sommeil est composé de trois phases. Nous avons généralement besoin de cumuler quatre à six cycles de sommeil chaque nuit. Sur un Vendée Globe, je ne peux pas me permettre d'enchaîner six à huit heures de sommeil d'affilée car je dois régler mon bateau en permanence pour aller le plus vite possible. Du coup, je fractionne mon sommeil sous forme de siestes de quarante minutes environ, en essayant de dormir entre cinq et sept heures cumulées sur la totalité de la journée. Les premiers jours en mer, j'ai besoin de m'adapter aux bruits du bateau et j'ai du mal à trouver le sommeil. Cependant, je profite de certains moments pour fermer les yeux, me relâcher et me vider l'esprit. C'est une technique qui me permet de garder de l'énergie à plus long terme. Au bout de quelques jours, la fatigue prend le dessus et je trouve mon rythme. Le corps, c'est comme une batterie : il faut la recharger, la nourrir... et l'on ne peut pas accumuler de l'énergie au-delà de sa capacité. »

S'autoriser à respirer

La respiration est source de vie, car respirer, c'est amener de l'oxygène dans son corps et évacuer les résidus produits par les cellules. Au second degré, respirer est aussi synonyme de souffler, de se relâcher, de s'arrêter un instant pour penser à soi. Quand on dit à quelqu'un de respirer, on lui demande finalement de revenir à lui-même, à son corps, et de s'extraire de l'agitation.

De manière générale, la respiration est apaisante, elle nous calme. La science a montré que les techniques de maîtrise du souffle avaient une réelle action sur le rythme cardiaque, le fonctionnement du cerveau, le sommeil… Faire des exercices de respiration permet de se sentir mieux, notamment dans les périodes de stress ou en cas de mauvaise nouvelle. La technique de la cohérence cardiaque en est un parfait exemple : elle consiste à ralentir son rythme cardiaque grâce à la respiration, et c'est une méthode de relaxation efficace pour évacuer la tension nerveuse. À l'inverse, le stress ou la panique peuvent induire de l'hyperventilation chez certaines personnes.

Pour ma part, quand je me sens emportée dans un tourbillon d'actions, que j'ai le sentiment de jongler entre des centaines d'impératifs, que j'ai une to-do-list à rallonge, que je cours de rendez-vous en rendez-vous, que ma charge mentale est très pesante, j'éprouve parfois tout à coup le besoin de respirer, comme si je suffoquais. Je ressens une sorte de point dans les poumons. Il m'arrive alors de sortir des bureaux ou de chez moi et d'aller respirer à pleins poumons pendant cinq minutes. Ça ne me fait pas oublier mes problèmes, mais ça m'apaise et me rassure. Ces quelques minutes que je m'accorde me permettent d'oxygéner mon cerveau et mon corps, qui en ont à ce moment-là vraiment besoin. Besoin de respirer.

Cette gestion consciente de la respiration m'accompagne dans mon quotidien, mais aussi dans mes efforts sportifs, surtout quand je fais du cardio, puisque ce type de discipline est étroitement relié à notre souffle.

Quand je cours, la respiration est ce qui me permet de réguler mon état de forme. Dès que je respire mal pendant un run (si je parle, si je suis enrhumée, s'il fait très froid…), je m'en rends tout de suite compte : je vis moins bien le moment parce que mon corps est mal oxygéné, et je m'essouffle beaucoup plus vite.

RESPIRER POUR ÉVACUER LA TENSION NERVEUSE

En course, lorsque j'approche de la ligne d'arrivée, j'ai des palpitations et les larmes qui montent, mais j'ai aussi le souffle qui s'accélère. Je sens que ma respiration est connectée à mes émotions. Et lorsque je récupère ma médaille, je souffle profondément, comme pour réaliser que c'est fini, que l'effort est terminé et que j'ai tout donné.

Il existe des techniques de respiration différentes en fonction des sports. On ne respire pas de la même manière quand on court et quand on nage, par exemple. Et si la respiration est innée, on peut « apprendre » à respirer en fonction de l'effort que l'on souhaite produire. J'ai ainsi eu l'occasion de faire un test de natation aux côtés de Laure Manaudou en février 2020. Je n'ai pas du tout un bon niveau en natation et pour améliorer mon crawl, j'ai beaucoup observé Laure afin de comprendre à quel moment il faut lever la tête pour respirer, combien de temps il faut la garder hors de l'eau, etc. J'ai même eu le sentiment qu'il fallait compter les temps pour réussir à prendre de l'air au bon moment.

La respiration sportive est finalement quelque chose de très compliqué et de très précis. La technique respiratoire devient sans doute automatique pour les nageurs professionnels, mais c'est tout de même au départ quelque chose d'assez complexe.

Cela m'a fait penser aux musiciens qui jouent des instruments à vent. J'ai toujours été impressionnée par la façon dont ils remplissent à fond leurs poumons pour être capables ensuite de moduler leur souffle en intensité et développer toute une phrase musicale. C'est un peu la même chose pour les chanteurs. Leur souffle est hyper important pour déployer et tenir leur voix.

Il y a tant de facultés, tant de techniques qui s'articulent autour de la respiration ! C'est le fondement de la vie et de la magie de notre corps. Une des premières choses que le nourrisson fait en naissant, c'est respirer. Pourtant personne ne le lui a appris. Et il respirera jusqu'à son dernier souffle.

Le mot « Respire » représente beaucoup pour moi et c'est pour cette raison que j'ai décidé d'appeler ma marque ainsi. Pour faire prendre conscience que notre corps est magique, et que la respiration est une des clés de cette magie.

Lorsque l'on atteint un sommet et que l'on reste ébahi devant le paysage magnifique qui s'étend à nos pieds, que fait-on ? On respire un grand coup, on gonfle nos poumons pour vivre intensément le moment présent et l'ancrer en nous grâce à la respiration.

Le mot « Respire » est pour moi une source inépuisable d'inspiration. Car respirer, c'est profiter de la vie.

LAURA MARINO, CHAMPIONNE DE PLONGEON, FAIRE CIRCULER L'ÉNERGIE VITALE

J'ai rencontré Laura en 2017 et j'ai été séduite par sa personnalité ; c'est une très grande championne qui a décidé de prendre sa vie en main, de se laisser respirer et de vivre de sa passion : celle de plonger dans les plus beaux endroits du monde.

« Je me définis comme une athlète professionnelle plurielle. J'ai été championne du monde et d'Europe en plongeon à 10 m, j'ai participé aux Jeux olympiques de Rio en 2016 et été pendant dix ans en équipe de France de plongeon, mais je suis aussi kinésithérapeute du sport, et désormais plongeuse outdoor en liberté. J'ai arrêté ma carrière conventionnelle, très stricte et cadrée du haut niveau classique en 2019 pour me consacrer pleinement à la passion de mon sport, que j'exerce désormais en pleine nature, en extérieur et de plus en plus haut (jusqu'à 20 m pour l'instant !), ce qui me demande et me permet de beaucoup voyager pour explorer de nouveaux spots.

Je garde la rigueur, l'exigence et la précision du haut niveau, et je la conjugue à la recherche d'un cadre moins rigide qui me permet de m'exprimer en résonance avec la nature, en me basant sur l'exploration. La nature m'inspire.

Je construis ce nouveau format sur mesure selon mes propres aspirations et mon approche du bien-être et de la plénitude. Après une vie de performance, je me fixe comme objectif la recherche du bonheur.

Je laisse aussi libre cours à mon côté très créatif par la photo, la vidéo et l'écriture, qui me permettent de partager mon parcours et mes découvertes avec un maximum de personnes, notamment sur les réseaux sociaux. Le partage et le groupe sont également des valeurs que je place au centre de mes projets, car ils sont extrêmement importants pour moi : c'est ce qui contribue à donner du sens à toutes mes activités. Quatre aspects me sont aujourd'hui essentiels : la liberté, le dépassement de soi, la passion et le partage.

S'autoriser à respirer passe selon moi par de nombreuses étapes et notamment, avant toutes, celle de s'autoriser à être soi, à s'écouter. À s'écouter lorsque l'on va bien, à s'écouter lorsque l'on doute et aussi lorsque l'on se perd. J'ai appris à respirer assez tard, probablement le jour où j'ai arrêté ma carrière de haut niveau et où j'ai décidé, en conscience, de tracer ma propre route en me déchargeant des attentes des autres, que j'avais pu transformer en une pression insupportable que je m'infligeais toute seule. Ma rencontre est passée par beaucoup d'outils "techniques", comme le (yin) yoga, puis la méditation, qui sont pour moi des piliers fondateurs de mon équilibre actuel, devenus indispensables. Ces deux outils me permettent de me recentrer et de voyager à la rencontre de mon moi profond, de me reconnecter à mon intuition qui est, je crois, une de mes plus grandes forces et que j'ai trop tenté d'ignorer ou de faire taire pendant des années.

Finalement, s'autoriser à respirer, pour moi, c'est s'accorder du temps et de l'espace, pour s'autoriser à être soi, se le permettre et laisser la respiration se répandre à travers tout notre être. S'autoriser à respirer, c'est donner une autre dimension à la respiration que celle purement mécanique de fonction physiologique.

Respirer, ce n'est pas simplement inspirer et expirer l'air à travers le nez et la bouche, c'est faire circuler une énergie vitale dans tout mon corps, qui m'est nécessaire pour me sentir vivante, dans l'instant et en connexion avec l'environnement qui m'entoure. Quand je suis dans l'eau après un plongeon, c'est comme si tout cet air inspiré était bloqué en une seule masse énorme, contenue dans mon corps, que je laisse exploser dès la surface atteinte. Lorsque j'étais en compétition dans une piscine, même quand cette boule explosait, j'avais l'impression que je n'avais jamais assez d'air, que je cherchais toujours à inspirer plus mais que cet air m'asphyxiait. Depuis que je plonge en extérieur, en pleine nature, je prends le temps d'apprivoiser mon environnement, d'analyser les profondeurs, les accès, les moyens de remonter, et lorsque je plonge, j'ai l'impression de me fondre dans les éléments, de pénétrer en eux. Lorsque je sors de l'eau, je peux alors rendre la masse d'air contenue en moi aux éléments, qui me remplissent en échange d'une plénitude que je n'ai jamais connue autrement.

Je réalise beaucoup moins de sauts qu'avant, je ne suis plus dans la productivité, mais chaque saut est réalisé beaucoup plus en conscience. Je vis vraiment chacun d'entre eux intensément. Chacun a son propre sens et me nourrit. Chacun m'oxygène davantage. »

La magie
de la méditation

L'état méditatif est une technique dont la respiration est souvent la clé. On en parle de plus en plus ces dernières années, car les bienfaits qu'elle offre à notre corps et à notre mental sont nombreux. La méditation ouvre une multitude de portes sur la gestion des émotions, l'optimisation de la concentration et de l'immunité, et même sur l'aptitude au bonheur.

Je ne suis pas une grande connaisseuse en matière de méditation, mais cette pratique m'intéresse et m'interpelle, et je m'y intéresse de plus en plus. Ma toute première approche de cette discipline a eu lieu à la maison Respire, à l'occasion d'une séance de méditation guidée proposée par la marque Silence. Nous étions une quinzaine de personnes assises sur de petits coussins. La personne qui conduisait la méditation nous a demandé de nous concentrer sur notre respiration et de laisser filer les pensées qui pouvaient survenir. Au début, j'ai eu beaucoup de mal à me concentrer sur ma respiration, puis j'ai eu le sentiment de prendre un vrai temps pour moi, de me recentrer. Par la voix, elle nous a raconté une histoire qui m'a transportée très loin, je ne sais pas exactement où. Je serais totalement incapable de restituer les paroles que j'ai entendues, puisqu'elles m'ont propulsée dans un état un peu second. Je ne pensais plus à rien. Je n'ai pas eu le sentiment de dormir, mais d'être complètement ailleurs pendant trente minutes.

Ça m'a fait un bien fou. À la fin, je me suis sentie à la fois fatiguée et pleine d'énergie, presque euphorique. Je pense avoir touché du doigt à ce moment-là ce qu'est la méditation, et quels peuvent être ses bienfaits. Et cela m'a donné envie d'en faire plus.

J'ai ensuite continué à méditer un petit peu avec des applications comme Petit Bambou, sous la forme de courtes séances de dix minutes le matin et le soir. Pendant longtemps, je n'en ai pas fait régulièrement, mais lorsque je ressentais le besoin de souffler, de respirer, de ne penser à rien, de me vider la tête, ces séances m'ont aidée.

D'un autre côté, entrer dans un état méditatif ou suivre une méditation guidée n'est pas une démarche si simple. Je me souviendrai toujours de ce fou rire qui nous a prises, ma mère et moi, lors du premier confinement, quand nous avons tenté de suivre un live de méditation. Ce premier confinement, c'était l'occasion de découvrir de multiples activités grâce aux outils numériques, et l'on avait la chance de les partager en famille.

SE RECENTRER ET S'APAISER GRÂCE À LA MÉDITATION

On s'était installées dans le salon, chez mes parents, sur le tapis. Assises sagement en tailleur toutes les deux, on a déclenché le live... qui commençait par des exercices de respiration, de concentration sur le souffle. Puis tout d'un coup, il fallait inspirer profondément, puis expirer en produisant le son « Om », un son très connu en méditation. J'essayais de rester concentrée, mais j'entendais la voix de ma mère qui soufflait « Om » en tremblotant de rire... Ça n'a pas loupé : on est parties dans un énorme fou rire. Impossible de continuer à suivre la méditation !

Tout ça pour dire que ce n'est pas forcément facile de méditer et, il y a des moments où l'on n'y est pas spécialement prédisposé. On peut tomber dans un rire nerveux ou juste sentir que notre corps refuse d'entrer dans la méditation, et ce n'est pas grave ! Il suffit de réitérer à un autre moment.

Depuis début 2021, je pratique beaucoup la méditation guidée avant de m'endormir. Je programme des séances de vingt minutes sur un petit boîtier qui s'appelle Morphée, je me mets dans mon lit, je coupe mon téléphone et je commence. Ce que je préfère, ce sont les méditations sur le thème du voyage. Je m'ancre dans mon lit, je respire plusieurs fois en gonflant le ventre (plutôt que le thorax) et je sens déjà que cela m'apaise ; ensuite, je suis la voix qui m'invite à me visualiser dans un endroit précis. C'est un exercice de visualisation, et j'arrive à me projeter sur une plage, les pieds dans l'eau, à observer les mouettes, les bateaux, et à écouter le bruit des vagues. Si on m'avait parlé de cela il y a quelques années, j'aurais trouvé ça vraiment bizarre, mais aujourd'hui j'arrive à me projeter, à me sentir présente dans cet endroit imaginaire. Je suis vraiment ailleurs que dans mon lit. Je n'ai jamais entendu la fin des vingt minutes de méditation. Je m'endors toujours au bout de dix minutes maximum, et d'une manière très apaisée. Lorsque j'ai médité, je dors très bien, d'une traite, et je me réveille reposée. Sans y connaître grand-chose, j'observe que la méditation me fait beaucoup de bien.

Cela va peut-être vous paraître étrange, mais je crois qu'il m'arrive aussi de pratiquer la méditation quand je cours. Ça n'arrive pas à chaque run, et jamais immédiatement, plutôt après plusieurs kilomètres. Ce n'est ni choisi ni contrôlé. Il faut que je sois seule, sans musique, et que mon esprit soit en quelque sorte prédisposé. Je rentre alors dans un état particulier : j'oublie presque que je suis en train de courir, je me concentre sur ma respiration, sur la sensation de mes poumons qui se remplissent et se vident, de mes pieds qui touchent le sol, de mes cuisses qui me propulsent, mais aussi du bruit ambiant de la nature (les oiseaux, le vent dans les arbres, les vagues...), de l'air sur mon corps, du soleil sur ma peau. J'adore atteindre cet état parce que j'ai alors l'impression que je me détache du fait de courir et que je ne ressens que les bienfaits de la course. Dans cet état, je peux enchaîner les kilomètres ; quoi qu'il se passe, je me sens bien. Cette phase ne dure jamais longtemps, mais elle modifie en quelque sorte mon état de conscience : je me sens ensuite prédisposée à être ultra-créative, à avoir de nouvelles idées notamment pour Respire et pour ma vie.

Je pense que ces expériences s'apparentent à la méditation de pleine conscience, et seule la course me permet aujourd'hui d'atteindre naturellement et pleinement cet état.

Maintenant que j'aime la course à
pied, j'ai appris à entrer dans cet état
méditatif en courant et ça me ressource
complètement, en me faisant presque
oublier que je suis en train de courir.

BENJAMIN BLASCO, COFONDATEUR DE PETIT BAMBOU, LA MÉDITATION COMME UNE ROUTINE

Petit Bambou a été la première application à m'accompagner dans la méditation, alors quand j'ai abordé ce sujet, il m'a semblé important de recueillir le témoignage de Benjamin, fondateur de l'application.

« Avant la création de Petit Bambou en 2014, je travaillais dans de grands groupes Internet américains. J'étais fier de me sentir champion du monde du multitâche et je me sentais fort. Mais je me suis rendu compte que ce mode de vie avait un coût important en termes de présence à moi-même. Je me sentais en perpétuel décalage.

J'ai commencé la méditation sur le conseil d'un collègue, mais en tant que scientifique, je me sentais un peu sceptique.

J'ai observé avec un grand étonnement le brouhaha qu'il y avait dans ma tête : je n'arrivais même pas à compter jusqu'à dix respirations. Cela a été pour moi un gros choc. J'ai continué à pratiquer, rassuré par ailleurs par les instructions très simples que je devais suivre, et par les publications scientifiques des psychiatres et des neurologues qui ont étudié les bienfaits de la méditation.

Le fait de me poser, de laisser passer ce brouhaha m'a amené à étudier des questions existentielles, et notamment le sens de ma vie professionnelle. Dépenser toute mon énergie dans mon métier, est-ce que ça avait vraiment du sens ?

Avec Ludovic, mon ami et associé, nous avons beaucoup discuté, réfléchi, en partant du constat que nous connaissions beaucoup de personnes qui se posaient les mêmes questions que nous et cherchaient des solutions dans la même direction.

Nous savions que, pour que la méditation fonctionne, il faut la pratiquer régulièrement, l'intégrer dans sa vie comme un rituel. Mais comment l'ancrer dans ses habitudes ?

Nous avons pensé que le numérique était sans doute une clé... et nous avons décidé de lancer Petit Bambou. J'ai quitté mon job. Ils m'ont pris pour un fou, mais le succès a été au rendez-vous.

Si je devais définir la méditation, je dirais que cela consiste à porter son attention sur des sensations corporelles : le souffle, le contact du corps. Cela permet de se mettre en position d'observateur par rapport à son fonctionnement mental. La méditation est un entraînement de l'attention. Elle permet aussi de réduire le stress en prenant conscience de son état du moment et en laissant passer les pensées qui ne nous conviennent pas.

On médite pour être bien dans sa tête, pour pouvoir bien agir avec soi-même et avec les autres, sans être l'otage de ses émotions du moment.

La science a aussi prouvé que la méditation avait de nombreux bienfaits sur le vieillissement, la neuroplasticité, l'empathie, la compassion, le rapport aux autres.

Oui, la méditation apporte des bénéfices concrets, mais il me semble que le plus important, c'est d'être plus humain et libéré des injonctions pour être plus équilibré.

Nous recevons chaque jour une trentaine de témoignages d'amour, de gratitude pour la méditation. Les abonnés expriment avec des mots très forts le sentiment d'avoir été sauvés par cette pratique, et cela me conforte dans l'idée d'avoir choisi le bon chemin. »

La sexualité en liberté

Il est impossible d'écrire un livre qui aborde la magie du corps humain sans parler de sexualité. Tout comme il est inconcevable de s'intéresser à la façon de prendre soin de soi sans aborder ce sujet-là. Car la sexualité fait partie intégrante de la vie humaine. Elle est un de ses moyens d'expression principaux, mais aussi une condition de son épanouissement.

C'est un sujet que je n'ai pas l'habitude d'aborder alors je préfère laisser la parole à une experte sur le sujet. Non pas qu'il soit tabou pour moi, mais parce que je ne souhaite pas exposer ici ce qui relève de ma vie privée (vous le comprendrez bien). Et aussi parce que je ne pense pas avoir assez d'informations sur le sujet pour bien vous en parler.

Cependant, je suis convaincue qu'il ne faut pas avoir peur d'en parler avec ceux qui nous sont les plus proches, ni de s'autoriser à explorer notre sexualité, dans le seul but de se faire du bien.

Souvent, on se met la pression à ce sujet, pour entrer dans telle ou telle norme. Pourtant, chacun de nous est libre de faire ce qu'il veut de son corps et de choisir la voie qui lui convient pour s'épanouir.

Pour en parler, j'ai choisi de relayer le témoignage de Sabrina du compte Instagram *Princesse Périnée*, qui prône parfaitement cette liberté.

VOUS ÊTES LIBRE D'EXPLORER VOTRE SEXUALITÉ À VOTRE GUISE

SABRINA@PRINCESSE PÉRINÉE, KINÉSITHÉRAPEUTE ET OSTÉOPATHE, DÉCULPABILISER

Sabrina est une femme fascinante que j'ai connue à travers les réseaux sociaux. C'est une professionnelle de santé qui vulgarise la science, notamment en abordant un sujet qui est finalement très peu traité et assez tabou, le sexe et le périnée.

« J'ai suivi une formation classique de kinésithérapeute et d'ostéopathe, puis je me suis hyperspécialisée sur le périnée, poussée par le grand intérêt que je rencontrais chez mes patients lorsque j'abordais la question des troubles sexologiques.

Il y a énormément de travail à faire pour que les gens aillent consulter sur ces questions. Le gouvernement a d'ailleurs mis en place un grand plan pour sensibiliser les soignants français et faire tomber les tabous, sous l'égide de l'OMS, qui considère depuis quelques années que la sexualité est un besoin vital, au sens large, c'est-à-dire qu'elle affirme le droit au plaisir sexuel solitaire ou partagé, mais aussi le droit de ne pas avoir de sexualité ou de la quantifier à sa manière.

J'ai choisi de communiquer sur ce sujet via les réseaux sociaux pour toucher un maximum de personnes et diffuser l'information.

Je m'efforce de sensibiliser aux troubles du périnée, qui sont très mal connus et souvent considérés comme "normaux". Or oui, il existe des techniques simples pour éviter les fuites urinaires, pour améliorer ses sensations lors des rapports, etc.

Je parle aussi de sexe, en répétant sur tous les tons qu'il n'est jamais normal d'avoir mal. Et j'insiste énormément sur la notion de consentement : soit il y a consentement, soit il y a viol, ce n'est pas plus compliqué que cela.

J'affirme aussi fortement le principe selon lequel les femmes ont la liberté de vivre la sexualité comme elles le veulent, qu'elles peuvent faire tout ce qu'elles souhaitent de leur corps sans pour autant être des "salopes".

J'ai une vision de la sexualité libérée et joyeuse. Je suis persuadée que l'on n'est pas obligé de faire les choses sérieusement ou de s'ennuyer, que l'on peut vivre sa sexualité en solo, en duo... ou plus, tant qu'il y a consentement. On peut tester, se lancer dans des pratiques et ne pas terminer, un peu comme un plat que l'on ne finirait pas. La masturbation féminine est aussi un de mes chevaux de bataille : je rêve qu'elle ne soit plus tabou !

La sexualité, si elle est bien menée, rend heureux puisqu'elle permet de répondre à un besoin physiologique. C'est un moyen comme un autre (en solo ou non) d'obtenir une libération hormonale liée au plaisir dans tout le corps, et donc de faire baisser la pression, de se détendre. Mais il faut aussi déculpabiliser ceux qui n'ont pas envie de la pratiquer.

La libido est aussi psychologique et hormonale, et il existe des phases de vie pendant lesquelles on n'a pas envie de recourir à la sexualité.

Je crois qu'il est également important de distinguer la pratique sexuelle et la pénétration. Ce que l'on a longtemps appelé les préliminaires est en réalité une forme de sexualité à part entière, qui peut se suffire à elle-même.

La libido s'entretient mais chacun à sa manière, que ce soit pour le volet psychologique et hormonal, chaque personne parcourt son propre chemin à son rythme !

Certaines personnes auront besoin de stimulation visuelle et d'autres passeront plus volontiers par la fantasmagorie, par l'ouïe ou l'odorat...

Quand on est deux, mais aussi quand on est seul, l'important est d'apprendre à se connaître. Mais comme le sexe est tabou, souvent on n'apprend pas ce qui éveille le désir... or le désir entretient la libido. Nous sommes tous différents sur ce plan-là ; pour certains, le désir sera stimulé par une odeur, chez d'autres par une saynète, de la fantasmagorie ; certains sont romantiques, d'autres moins. Il faut tester et voir ce qui nous plaît.

En matière de sexualité, il n'y a aucune obligation ni aucune règle, si ce n'est, encore une fois, celle du respect de soi-même et des autres. »

LAURE GEISLER

Médecin généraliste et journaliste médicale

Laure Geisler exerce aujourd'hui son métier en libéral dans une maison de soin pluridisciplinaire qu'elle a créée. Elle est active aussi sur les réseaux sociaux sur sa chaîne @lecoeurnet et participe régulièrement à des conférences ou à des émissions de télévision sur des thématiques santé.

« La vulgarisation médicale est un moyen d'aider les personnes à s'interroger sur leur bien-être. C'est selon moi une condition indispensable pour être acteur de notre santé.

Prendre soin de son corps, lui porter une attention particulière, est primordial. Dans l'idéal, cela devrait être machinal, faire partie de nos habitudes, même si cela nécessite parfois des efforts, des ajustements, et souvent une prise de conscience en amont. Il y a d'ailleurs toute une éducation à faire en ce sens et à transmettre aux plus jeunes. C'est important pour notre qualité de vie à court et long terme. Pour ce faire, il s'agit d'entretenir deux aspects indissociables de notre santé : notre physique et notre mental.

Pour notre santé physique, les grands principes à garder en tête sont :

• une bonne hydratation (au moins 1,5 litre d'eau par jour) ;

• une protection systématique du soleil ou du froid ;

• une alimentation globalement saine et variée, sans interdit ;

• une activité physique quotidienne ;

• une durée de sommeil correcte, avec des heures de coucher régulières, si possible à distance des écrans ;

• zéro tabac et zéro tabagisme passif ;

- un bon médecin généraliste (votre médecin doit être une personne de confiance qui a un regard extérieur sur votre histoire ; il peut effectuer un check-up).

Pour notre santé mentale, c'est plus subjectif et personnel, mais gardons à l'idée ces techniques de développement personnel :

- du temps pour soi, par exemple pour de la méditation ou de l'autohypnose ;

- des apprentissages, une ouverture au monde : lire, regarder un film, se former, créer ;

- du rangement : se sentir bien chez soi ;

- des ressources extérieures : des relations amicales ou familiales sincères sur lesquelles on peut se reposer ;

- une prise en charge psychologique peut s'avérer nécessaire, pour faire le point sur d'éventuels traumatismes passés, pour évacuer parfois aussi.

Je rencontre dans ma pratique beaucoup de patients qui ne prennent pas assez de temps pour eux-mêmes. Cela s'installe quasi systématiquement car, dans un souci de bien faire, les besoins familiaux ou professionnels passent avant leurs propres besoins. Ce phénomène est également aggravé par le désir de pseudo perfection qu'impose notre société.

En parallèle, la dépression est le mal du siècle. Dix-sept pour cent des Français déclarent avoir déjà eu un burn-out (source : Statista 2019). On sait pourtant que pour bien se sentir au travail ou dans ses relations aux autres, il faut aller bien personnellement. À l'image du masque d'oxygène en avion : on doit se l'appliquer à soi-même avant de s'occuper des autres. Prendre du temps pour soi et se ressourcer est donc indispensable, même si cela peut sembler difficile.

Je peux donner quelques conseils pour y arriver :

- ne soyez pas parfait ;

- apprenez à dire non, affirmez-vous ;

- gardez une plage de temps libre dans votre emploi du temps pour vous seul ;

- entourez-vous de personnes ressources, sincères, bienveillantes et aidantes ;

- osez demander de l'aide, communiquez.

Un autre indispensable : le sommeil ! Une bonne qualité de sommeil est bénéfique pour la santé. Elle améliore le système immunitaire, cardiovasculaire, les fonctions cognitives, elle est antistress, prévient la prise de poids et les maux de tête, par exemple.

Les besoins en sommeil varient d'une personne à une autre, mais en général ils se situent autour de sept à huit heures de sommeil sur vingt-quatre heures. Si l'on dort moins de cinq heures par nuit, une sieste doit s'imposer, car on sait combien le manque de sommeil peut nous rendre triste ou irritable. À l'inverse, notre corps tire quasi immédiatement les bénéfices de nos bonnes nuits.

En bref, je recommande une bonne hygiène et une routine sommeil tout en étant lucides sur nos propres fonctionnements :

- ayez des horaires réguliers de sommeil (à 30 minutes près, tentez de vous coucher tous les soirs à la même heure) ;

- exposez-vous à la lumière en journée, et soyez si possible dans l'obscurité la nuit (volets) ;

- optez pour des dîners digestes ;

- évitez le travail ou les écrans dans le lit (l'atmosphère doit se prêter au sommeil) ;

- aérez votre chambre dix minutes tous les jours, et maintenez la pièce à 19 °C ;

- évitez le sport juste avant de vous coucher ;

- faites attention à votre consommation de café et de thé, à préférer avant 17 heures.

Si les nuits de sommeil sont importantes, en journée, la pratique d'une respiration profonde et lente, même sur une durée courte de quelques minutes, présente également des bénéfices sur la santé globale. La respiration profonde diminue le stress et l'anxiété ; elle facilite la gestion d'une crise et le retour au calme ; elle permet de lâcher prise ; elle améliore la concentration, la gestion d'une douleur.

Aujourd'hui différentes techniques ont fait leurs preuves, comme la relaxation, la sophrologie, la cohérence cardiaque ou la méditation de pleine conscience. Autorisez-vous à respirer ! Je vous invite à vous y intéresser pour intégrer ces process dans vos activités du quotidien.

Un exercice tout simple pour commencer : gonflez votre ventre trois secondes et rentrez-le à l'expiration. Faites cela pendant plusieurs cycles respiratoires de suite en ne pensant qu'à l'action de respirer. Vous verrez, c'est un peu magique.

Notre corps a de belles ressources... À nous de les chercher et de nous en servir ! Il nous le rend quand même bien, non ? »

Clé n° 9

TROUVE
TON HARMONIE

Le juste équilibre alimentaire

L'équilibre alimentaire est une des clés du bien-être. Quand on apporte à notre corps les bons nutriments, ceux qui lui sont bénéfiques, dans des quantités justes, il nous le rend bien en nous fournissant toute l'énergie dont nous avons besoin pour nous sentir bien et nous épanouir au quotidien dans toutes nos activités.

L'alimentation, c'est hyper important. Je n'en ai pris conscience que récemment à travers des expériences que je vais vous raconter... Mais avant toute chose, soyez certain que je ne cherche à culpabiliser personne ! Ce serait d'ailleurs assez malvenu de ma part, étant donné que je vis dans la déculpabilisation la plus totale. Et oui, ça m'arrive de craquer et de me faire la tablette de chocolat devant la télé. Après je regrette un peu, mais finalement j'en avais envie, alors ce n'est pas si grave. L'essentiel étant que ça ne m'arrive pas tous les soirs.

Donc ne croyez surtout pas que je suis parfaite sur le plan de l'alimentation, loin de là. Je suis une fêtarde, j'adore profiter, bien manger, me faire plaisir, car c'est ça la vie !

Pour moi, l'objectif est plutôt de trouver mon propre équilibre, le juste milieu entre le plaisir et l'équilibre nutritionnel, l'attitude par rapport à la nourriture qui fait que je me sens bien, dans mon corps et dans ma tête.

Dans le passé, je ne peux pas dire que je mangeais n'importe quoi, mais ce qui est sûr, c'est que je ne faisais pas spécialement attention. D'autant que j'ai toujours mangé copieusement en famille. Lorsque je suis partie pour vivre seule ma vie étudiante, j'ai commencé à m'apercevoir qu'il était important de faire attention à ce que je donnais à mon corps. J'ai aussi connu la vie de couple (avec la prise des kilos de l'amour) et la vie d'entrepreneur à mille à l'heure (où l'on ne prend plus spécialement le temps de faire attention à ce que l'on mange, tant que l'on mange…).

Et puis le sport est entré dans ma vie, et il m'a amenée à une première prise de conscience importante. En commençant à courir de manière relativement intensive, j'ai compris que certains aliments me fournissent plus d'énergie, me permettent de mieux dormir, me donnent la sensation de « voler » quand je cours (bon, ça, c'est quand je suis au poids qui me fait me sentir très bien). Ce qu'il me faut ? Manger des pâtes la veille d'une course (des sucres lents pour l'énergie), éviter la viande rouge dans les derniers jours avant l'épreuve, limiter les fruits et légumes juste avant la course. Et surtout manger suffisamment pour avoir l'énergie nécessaire à l'effort, mais pas trop pour ne pas me sentir lourde. En res-

APPRENDRE À MANGER À SA FAIM

sentant ces choses-là intimement, dans mon corps et dans ma tête, j'ai compris de manière très profonde qu'il était essentiel de réfléchir à ma façon de m'alimenter.

La deuxième étape clé dans mon rapport à la nourriture est intervenue à la suite d'une prise de poids… Pendant toute la première année de Respire, je me suis entièrement dédiée au boulot. Je prenais très peu de temps pour faire du sport et pour déjeuner (généralement une toute petite pause), je mangeais des plats assez gras, rapides à avaler, sans faire très attention à leur composition. Autant vous dire qu'ils n'étaient donc pas super sains. Le soir, je rentrais très tard, donc j'avais très faim. Résultat, je cuisinais des dîners assez gras pour avoir la sensation de bien me rassasier. Et au cours de la journée, je grignotais par-ci, par-là. Évidemment, j'ai pris quelques kilos. J'étais apparemment la seule à les voir, mais ça me gênait. Je les sentais un peu quand je courais, et même quand j'enfilais mes vêtements. Le déclic est finalement venu lors du premier confinement, en mars 2020. À ce moment-là, je suis retournée chez mes parents pour me confiner avec eux et ma sœur. Premier choc : je me suis retrouvée à essayer de mettre des habits que j'avais laissés chez mes parents depuis des mois… et je me sentais complètement « boudinée » dedans. Deuxième choc : je suis montée sur la balance... et j'ai cru qu'elle était cassée (hahaha ! qui n'a jamais cru ça ?). Comme je n'ai pas de balance chez moi, je ne me pèse jamais. Et bien, le verdict était sans appel : j'avais pris 5 kg en un an.

À la suite de cette prise de conscience, j'ai décidé de prendre les choses en main pour trouver mon équilibre, et pour ça, je me suis fait accompagner par Didier, docteur en pharmacie et expert en nutrition et en micronutrition (il intervient d'ailleurs à la fin de ce chapitre). Il m'a appris à manger à ma faim, c'est-à-dire à comprendre mon niveau de satiété et donc à être capable d'arrêter de manger une fois que je suis rassasiée (j'avais tendance à prendre des quantités trop grosses). Il m'a aussi appris à « déguster », et donc à éviter de me jeter sur les petits fours, les chips, etc. Grâce à tout cela, j'ai réussi à perdre ces kilos que j'avais pris, et j'ai mis en pratique de nombreux conseils, comme remplacer les pâtes classiques et le pain blanc (que j'adore) par des pâtes complètes et du pain complet, prendre plaisir à manger des salades et de la soupe...

Pour être honnête avec vous, ça a été assez difficile de perdre du poids, mais le faire pendant le confinement m'a aidée puisque je n'étais pas tentée par des sorties, des dîners et apéros entre amis. J'ai finalement pris plaisir à travailler mon équilibre alimentaire et à rendre mon alimentation plus saine, avec l'aide quand même (et j'avais beaucoup de chance) de ma super maman qui me préparait de super salades ! Le plus difficile a sans doute été de ne plus boire d'alcool et d'arrêter le vin (ou de me limiter à un verre une fois par semaine), surtout en étant confinée avec une famille qui aime bien profiter des bonnes choses.

Maintenant, je sais que, quand je travaille, il y a une manière de manger qui fait que je n'ai pas de coup de barre après le déjeuner et que je suis opérationnelle pour travailler (merci, Didier !).

J'ai également fait des progrès en ce qui concerne l'hydratation. Il faut dire que je partais de loin puisque je suis le genre de personne qui ne boit de l'eau que pendant les repas (ce qui n'est franchement pas l'idéal). J'ai déjà eu de nombreuses fois des maux de tête parce que je ne bois pas assez. Mon astuce aujourd'hui ? Comme je n'aime pas le café, je me prépare régulièrement des thés verts (avec de la théine, la journée, pour être en forme), puis des infusions à partir du milieu de l'après-midi. Et je me force à boire de l'eau après avoir fait du sport, parce que je sais que c'est important pour mon organisme.

J'ai aussi pris l'habitude de prendre des compléments alimentaires : je fais des cures de vitamines pour me rééquilibrer et me sentir moins fatiguée sur la durée (sur trois mois, deux fois par an).

Alors clairement, j'ai beau avoir fait tout ce chemin, je ne suis évidemment pas parfaite en terme d'alimentation, et tout cela ne m'empêche pas d'être hyper gourmande. Je craque toujours très facilement sur du chocolat, des gourmandises et des plats « gras » que j'adore, mais je crois avoir trouvé mon équilibre. Et je gère maintenant mes écarts avec beaucoup de déculpabilisation. Il m'arrive de reprendre du poids et d'en reperdre, mais c'est normal et c'est ce qui me fait me sentir bien, et m'apporte l'énergie nécessaire.

Pour moi, les repas restent des moments sacrés, conviviaux, à partager en famille, entre amis, entre collègues… L'important est de se faire plaisir dans les bons moments et de savoir se limiter le reste du temps pour trouver son équilibre. Remuez-vous, c'est facile à dire, mais difficile à faire pour beaucoup de monde !

Les tips de l'expert Didier Maarek

Comment trouver son équilibre alimentaire ?

✦ Adoptez le *Hara Hachi Bu* : apprenez à manger à 80 % de votre faim ;

✦ Mangez au moins cinq légumes et un fruit de saison bio et local par jour ;

✦ Le matin mangez comme un roi, le midi comme un seigneur et le soir comme un mendiant ;

✦ Si vous suivez ces recommandations, ne vous refusez jamais quelque chose qui vous fait envie, mais en faible quantité ;

✦ N'hésitez pas à faire appel à un nutritionniste pour deux ou trois consultations.

MARINE NORET, EX-VICTIME DE TROUBLES COMPULSIFS ALIMENTAIRES

RETROUVER LE PLAISIR DE MANGER

Marine est une amie depuis plusieurs années maintenant. Nous nous sommes connues à travers notre passion commune pour la course à pied et ça a tout de suite cliqué, au point de partager des raids ensemble par la suite. Marine m'a toujours beaucoup touchée mais aussi beaucoup inspirée puisqu'elle a su faire preuve de beaucoup de force, de courage et de volonté pour sortir de l'anorexie.

« S'il y avait seulement deux mots qui pouvaient me définir à présent, je choisirais "bonne vivante", car c'est au sommet d'une montagne, un verre de vin dans une main, du fromage dans l'autre et mes proches autour de moi que je suis le plus épanouie. J'ai appris avec le temps à savourer intensément chaque moment de vie ; cependant, cela n'a pas toujours été le cas...

À l'âge de 17 ans, j'ai été hospitalisée pour anorexie, avec un poids de 36,5 kg. Avant cet épisode, jeune fille jugée en surpoids à la suite d'un arrêt brusque du sport, j'étais emprisonnée dans un corps que je détestais. Ma maman, complexée et continuellement au régime, m'a fait grandir avec l'idée que la femme devait sans cesse faire attention à son poids et à l'image qu'elle pouvait renvoyer. Parallèlement, j'ai subi les conséquences d'une relation amoureuse destructrice qui a emporté le peu de confiance en moi que je pouvais encore avoir. J'ai perdu 30 kg en six mois. Mon corps et mon esprit étaient ennemis, la nourriture, source de dégoût. Torturée et en constante bataille contre mon image dans le miroir, je suis complètement passée à côté de mon adolescence. Les troubles du comportement alimentaire rythmaient mes journées et mes habitudes, tout comme cette petite voix dans ma tête m'épuisait et me détruisait à petit feu.

Il m'a fallu de nombreuses années pour me reconstruire, ne plus considérer la nourriture comme du poison, mais simplement comme un moteur qui permet à la voiture d'avancer. Avec l'aide de mes proches, j'ai tout doucement réappris à manger, à apprécier les choses simples sans culpabilité. Il n'y a pas de recette miracle : retrouver un rapport sain avec la nourriture a été un travail de patience, d'indulgence et de lâcher-prise. Tout a changé le jour où j'ai enfin compris que ces moments que je diabolisais étaient synonymes de vie, de partage et que, sans eux, je passais complètement à côté de tout. Un jour, une diététicienne m'a dit "la nourriture, c'est la vie". Je lui ai ri au nez. Quelques années plus tard, je sais que c'est elle qui avait raison et je l'en remercie.

Le sport, non plus destructeur mais salvateur, est devenu petit à petit l'un de mes piliers pour aller de l'avant. Courir, nager, pédaler en toute liberté... est essentiel à mon bonheur. Mon corps, je l'ai détesté, mais grâce à la pratique sportive, j'ai enfin pu faire la paix avec lui.

Ma pratique sportive, tout comme mon alimentation, n'est plus du tout drivée par de quelconques troubles. La culpabilité est une sensation qui ne fait plus partie de mon quotidien, j'ai appris à lâcher prise et à aimer simplement mon corps. Le sport m'a transformée et me permet de dire que non seulement notre corps est magique, mais que c'est aussi une belle machine qui nous permet de vivre des expériences incroyables. Alors, prenons-en soin ! »

Consommer
en conscience

Il est dans l'air du temps de ne pas faire confiance aveuglément à ce que l'on nous propose en matière de consommation. Et c'est très bien ! Car être à l'aise avec les produits que l'on achète et que l'on utilise est une des clés pour se sentir bien. Pour beaucoup de personnes aujourd'hui, il est absolument indispensable de mieux comprendre leur provenance et leur composition.

Dans mon processus de prise de conscience, la détection de ma tumeur bénigne à la poitrine a constitué un épisode décisif. Depuis, je souhaite profondément mieux comprendre et appréhender ce que je mange et ce que j'applique sur mon corps. J'ai besoin d'avoir confiance dans ce que je consomme, car j'ai le sentiment que cela me permet de mieux traiter mon corps, de me respecter.

Il y a quatre ans, j'ai découvert Yuka, cette application qui permet de percer les secrets des produits alimentaires de grande consommation. Il suffit de scanner le code-barres d'un produit avec son téléphone pour en connaître la composition complète et savoir s'il est « bon » ou pas pour notre corps. Lorsque j'ai commencé à l'utiliser en supermarché, je n'étais pas encore engagée dans une attention constante à tout ce que je consomme, mais cette première démarche a, je crois, constitué le premier pas vers cette prise de conscience. Je me souviens que je scannais mes céréales du petit-déjeuner ou les plats tout faits que j'adorais acheter… et je m'apercevais qu'ils étaient mal notés. Ce qui est incroyable, c'est que si le produit avait une mauvaise note, ça me faisait réfléchir à deux fois : est-ce que j'allais l'acheter ou plutôt choisir de le reposer en rayon ?

Bien sûr, je garde en tête qu'il y a des limites à l'utilisation de ces applications, car quand on scanne de l'huile d'olive par exemple, le verdict est invariablement « trop gras » (ce qui est bien normal pour de l'huile, le tout étant de la consommer en quantité raisonnable !). Il faut aussi creuser un peu dans la notation fournie pour comprendre ce qui fait perdre des points au produit, et pouvoir ensuite choisir en conscience s'il est judicieux ou non de l'acheter.

Toujours est-il que c'est à ce moment-là, il y a quatre ans donc, que j'ai commencé à mieux sélectionner les produits que j'achète et que je consomme, à essayer de les décrypter et de mieux les comprendre. J'ai alors fait certains choix, qui depuis sont ancrés en moi, comme ne pas manger trop de produits transformés : les plats tout faits, c'est bien de temps en temps, mais mieux vaut acheter des ingrédients séparés pour préparer une tarte plutôt que de l'acheter en supermarché. Et inconsciemment, ces choix me font finalement me sentir mieux.

Dans cette prise de conscience alimentaire, il y a aussi le fait de choisir des produits locaux, si possible de petits producteurs. J'adore aller au marché et rencontrer les producteurs de légumes qui viennent directement de leur champ. Même si je n'en ai pas la preuve absolue, ça me donne le sentiment que le fruit ou le légume que je mange n'a pas fait le tour du monde avant d'arriver chez moi, et qu'il a été produit dans de bonnes conditions. J'ai donc le sentiment de consommer mieux.

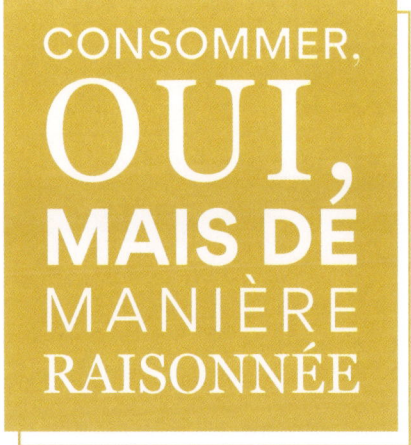

CONSOMMER, OUI, MAIS DE MANIÈRE RAISONNÉE

J'ai aussi appris, assez récemment, à me tourner uniquement vers des aliments de saison. Alors même si j'adore cuisiner les courgettes, en hiver, je m'en passe et j'apprends à cuisiner autre chose ! Il suffit de se renseigner sur les périodes de culture des fruits et légumes.

Un autre grand sujet dont on entend beaucoup parler, c'est la consommation de viande. On me demande souvent si je suis végane, parce que le fait d'être attentive à ma consommation peut donner à penser que je le suis (et le fait de fabriquer des produits véganes chez Respire). Ce n'est pas le cas : je mange de tout. Je consomme juste moins de viande qu'il y a cinq ans et c'est d'ailleurs au Canada que j'ai appris le terme qui me définit : je suis flexitarienne. Quelles sont les raisons de ce choix ? J'ai simplement le sentiment que mon corps n'a pas besoin de viande au quotidien (la viande rouge est d'ailleurs très longue à digérer), et c'est aussi un choix qui découle de mes convictions en matière d'écologie. Donc je mange de la viande, mais en moins grande quantité qu'avant, et quand je sais que la viande vient d'une source sûre, pour être certaine de sa qualité.

Bien sûr, vous l'aurez compris, prendre conscience de sa consommation, c'est aussi prendre conscience des produits d'hygiène que l'on utilise. C'est pour cette raison que j'ai lancé Respire. Mon souhait ultime en créant ces produits, c'est de pouvoir avoir confiance dans leur composition, être sûre et certaine que chaque ingrédient utilisé est inoffensif pour mon corps, et pouvoir transmettre cette confiance.

D'ailleurs, maintenant qu'il existe de plus en plus d'applications qui aident à décrypter les produits d'hygiène, je recommande aux consommateurs qui ne savent pas décoder les listes d'ingrédients de les utiliser. Car cela nous donne énormément de pouvoir en tant que consommateur, de savoir lire le langage de la cosmétique, de bannir les ingrédients controversés, et ainsi de savoir ce que l'on met sur notre corps.

C'est exactement la même chose pour les produits d'entretien ou la lessive ! Je ne suis pas du tout au stade de fabriquer tous ces produits moi-même à la maison, mais j'étudie leur composition.

La question du packaging me tient également particulièrement à cœur : je consomme du solide dans les produits d'hygiène dès que je peux, sous réserve que le produit soit agréable et efficace (deux facteurs super importants pour moi). Et s'il doit y avoir un emballage, je suis une grande partisane de la recharge. D'ailleurs je vois grâce à Respire que de plus en plus de personnes s'y mettent aussi.

J'aime aussi aller faire mes courses en vrac : ce n'est pas un mode de consommation que je pratique systématiquement, mais j'essaye dès que j'en ai la possibilité. Je m'interdis également d'utiliser des sacs en plastique. Bref, je cherche avant tout à avoir une consommation plus écoresponsable, car je suis persuadée que tous ces petits gestes nous permettent de réduire notre impact et de respecter la planète.

Une chose qui devient vraiment de plus en plus importante pour moi, c'est de consommer local, c'est-à-dire des produits fabriqués en France ou en Europe, pour être certaine qu'ils n'ont pas fait trois fois le tour de la terre avant d'arriver chez moi. On entend tous parler de ce fameux impact carbone, que l'on souhaite réduire, et je pense que cela commence par cette démarche simple. Par ailleurs, consommer des produits locaux est inconsciemment pour moi un gage de qualité : je me sens plus en confiance avec un produit quand je sais qu'il ne vient pas de loin.

Une autre chose que je trouve géniale aujourd'hui, ce sont toutes les plate-formes de revente, de seconde main, qu'il s'agisse de vêtements, de meubles ou autres. Ce système d'achat s'est beaucoup démocratisé et il devient de plus en plus à la mode d'acheter des habits d'occasion. Alors même si je ne suis pas une grande utilisatrice de ces plateformes, parce que je n'achète pas énormément de vêtements, je trouve ça super de permettre aux vête-ments que l'on ne met plus d'avoir une seconde vie. D'ailleurs ma grand-mère était précurseur dans ce domaine, elle qui avait ouvert un magasin de prêt-à-porter de seconde main dans les années 1990. C'est peut-être elle qui m'a transmis le gène de la consommation vertueuse !

Les tips de l'expert Didier Maarek

Comment avoir une consommation vertueuse ?

✦ N'achetez jamais de produits transformés, mais privilégiez des produits lo-caux et bio à cuisiner vous-même ;

✦ Si vous achetez des produits peu transformés, excluez le sel et le sucre ajou-té sans raison valable (par exemple, le sel dans les biscuits ou le sucre dans le pain), ainsi que les colorants et les conservateurs ;

✦ Évitez les matières grasses pro-inflammatoires, qu'elles soient animales (saindoux, beurre industriel...) ou végétales (huile de tournesol, huile d'ara-chide, margarine...), et privilégiez les matières grasses anti-inflammatoires animales (petits poissons gras, beurre de baratte...) et végétales (huile d'olive, de colza, de chanvre...).

ODILE MAILHÉ, PREMIÈRE ABEILLE DE LA RUCHE QUI DIT OUI !, ACHETER LOCAL

Odile est très inspirante par son histoire, son changement de vie et par les messages qu'elle véhicule. Son projet est dans l'air du temps et aide de nombreuses personnes à consommer en conscience.

« Il y a dix ans, j'ai pris conscience qu'il fallait que l'être humain consomme autrement et occupe une place différente sur la terre. J'ai compris qu'il s'agissait d'une question d'alimentation, mais aussi de santé, de préservation de la planète et d'économie. J'ai donc décidé de changer mon mode de consommation en suivant quelques grands principes : acheter uniquement des produits non transformés et locaux, pour connaître leur provenance et limiter leur impact carbone.

Mais le changement ne s'est pas arrêté là, car j'avais conscience qu'agir seule, à ma petite échelle ne suffisait pas… Alors fonctionnaire aux Finances publiques, j'avais envie de changer de métier et d'avoir du pouvoir sur le fait de consommer local. J'en avais assez de travailler à temps plein et de courir partout de ferme en ferme le soir et le week-end pour trouver tous les aliments dont j'avais besoin. Je ne savais pas comment faire et puis un jour, sur un blog, j'ai croisé un post parlant de La Ruche qui dit oui ! Ce projet était exactement ce que je cherchais.

La Ruche qui dit oui ! propose sur Internet de mettre en lien des consommateurs et des producteurs locaux (de légumes, de viande, de fromages…).

Ces derniers proposent des produits que les premiers peuvent commander et payer en ligne. Il ne leur reste plus ensuite qu'à se rendre sur le lieu de leur Ruche pour récupérer leur commande, en rencontrant éventuellement les producteurs.

J'ai été la première Responsable de ruche, c'est-à-dire la première personne à ouvrir une Ruche. J'en gère actuellement deux : une ruche rurale dans mon petit village, une autre dans Toulouse. Je sélectionne les producteurs parmi tous ceux qui s'inscrivent sur le site de la Ruche, mais je peux aussi aller en chercher moi-même et leur proposer l'inscription. J'essaie chaque fois d'aller visiter l'exploitation, de discuter avec eux, de faire des posts sur chacun pour expliquer la façon dont ils travaillent. Je choisis de l'éthique, du local.

Je suis persuadée que la consommation raisonnable est porteuse de sens. Quand on connaît le producteur, quand on s'intéresse à sa manière de produire, on voit les choses différemment et l'on comprend le contexte. Consommer en conscience et raisonnablement n'est pas simple parce qu'il faut prendre en compte de nombreux facteurs, mais consommer local est un premier effort assez accessible, et qui peut avoir un impact notable sur la planète, puisque cela permet d'éviter le recours à la production industrielle et la pollution liée au transport.

À titre personnel, ce changement de mode de vie a presque tout changé dans mon existence (sauf ma famille). Ma vision a changé, mon corps a changé. Je mange des produits qui, gustativement parlant, sont incomparables. Je ne suis plus jamais malade, car je pense que mes défenses immunitaires sont boostées. Et je suis heureuse de voir la convivialité, le partage et la richesse relationnelle qui se sont développés dans mes Ruches.

Je sais qu'il reste encore du travail à faire. Quand j'ai commencé la Ruche, je me suis dit que quand tout le monde consommerait local, j'enlèverai mon tablier. Mais je le porte toujours… »

Tous responsables...
de notre planète

Notre planète est unique et fragile. Si nous sommes nombreux à en avoir pris conscience aujourd'hui, il reste encore du chemin à parcourir pour adapter en masse nos comportements à ce constat. Le changement climatique et la pollution sont une réalité. Alors notre engagement et notre volonté de progresser dans ce domaine doivent être à la mesure de cet enjeu.

Chacun à notre niveau devons faire de petits gestes pour réduire notre impact carbone. Je ne souhaite pas que ce discours soit anxyogène, au contraire il faut avoir envie de faire ces efforts pour que cela devienne naturel. J'en ai encore plus pris conscience dernièrement en intégrant la Convention des Entreprises pour le climat 2022. Cent-cinquante dirigeants qui se retrouvent pour trouver ensemble des solutions pour réduire l'impact carbone de nos entreprises. En janvier 2020, j'ai eu la chance de partir pour un raid en Islande, un voyage qui m'a bouleversée. Dans un froid glacial, j'allais enchaîner plusieurs épreuves sportives très exigeantes et découvrir de nouveaux paysages. Je me souviens du vent de l'extrême qui soufflait là-bas, c'était fou ! Ce que j'ai aimé dans ce raid, c'est être au plus proche de la nature, me retrouver dans une nature que je ne connais pas, des paysages blancs à couper le souffle, des cascades gelées, un ciel dont la couleur se confond presque avec celle des sols.

Les différentes épreuves ont été intenses en raison des conditions climatiques : 7 kilomètres de trail, 1 heure de ski de fond et de nouveau 8 kilomètres de trail. Ça peut paraître peu, mais compte tenu des températures incroyablement basses, je suis vraiment sortie de ma zone de confort. J'étais en équipe avec ma Laury Thilleman. On a vécu des moments magiques, mais aussi une expérience qui m'a énormément marquée et m'a fait prendre conscience de l'alerte climatique, dont on entend beaucoup parler. J'ai pu découvrir le glacier Eyjafjallajökull, qui recouvre un massif volcanique. Je ne sais même pas comment décrire la beauté de cet endroit. C'était sublime, magique, apaisant, vaste... J'en ai pris plein les yeux. Mais aussi plein le cœur, puisque après nous avoir fait découvrir ce lieu incroyable, le guide nous a exposé les conséquences de la situation climatique, auxquelles le glacier doit faire face. Chaque année, il diminue d'une centaine de mètres (en 2018, le glacier a reculé de 110 mètres), ce qui amène les Islandais à dire qu'en 2028 il n'existera plus.

CHACUN À SON NIVEAU PEUT FAIRE UN GESTE POUR LA PLANÈTE

C'est très poignant de voir de ses propres yeux ce dont on entend parler comme un état d'urgence général. Ça encourage encore plus à faire attention à chaque petit geste de notre quotidien. Ce voyage a été pour moi une énorme claque. J'en avais les larmes aux yeux. J'ai dû voir ce phénomène de moi-même pour en prendre conscience.

Alors, même si j'étais déjà sensibilisée auparavant à l'importance de faire attention à notre impact environnemental, je l'ai encore plus été après ce voyage. Je me suis rendu compte que chacun, à son petit niveau, peut contribuer à améliorer la situation, puisque chaque geste compte. Cette attitude vertueuse passe, je crois, par les petits gestes du quotidien : éteindre la lumière quand on sort d'une pièce, couper le chauffage quand on ouvre les fenêtres, utiliser une gourde et un tupperware, prendre des douches courtes plutôt que des bains, préférer le train à l'avion lorsque c'est possible, etc.

D'ailleurs, bien trier ses déchets est vraiment un élément clé, j'en suis convaincue. Il est absolument essentiel de savoir ce qui va dans le bac de recyclage et ce qui ne peut pas être recyclé. Tout le monde ne sait pas ça, et c'est même plutôt complexe. Récemment, je suis allée à la rencontre des équipes de Citeo, l'entreprise qui gère la filière du tri et du recyclage en France. Et j'ai découvert que ce domaine évolue et progresse à vitesse grand V ! On recycle de plus en plus mais, pour que ce soit possible, il faut que le tri soit fait correctement, que les emballages soient placés dans les bons bacs.

Il y a une chose que je ne pensais pas devoir dire dans ce livre, car pour moi cela va de soi, ce n'est malheureusement pas une évidence pour tout le monde mais il ne faut pas jeter ses déchets par terre !... Avec mon équipe, nous faisons de plus en plus de sorties running-ramassage de déchets (ça fait d'ailleurs plusieurs années que je suis marraine de l'association Run Eco Team), et c'est affolant de voir la quantité de déchets que l'on trouve par terre. Ces déchets ne vont pas se désintégrer tout seuls, ils vont mettre des milliers, voire des millions d'années à le faire. C'est quelque chose que l'on apprend à l'école primaire ; ils vont finir dans nos océans.

Je l'ai vu de mes propres yeux, il y a dix ans, quand je suis partie au Cap-Vert avec mes parents, sur l'île de Sal. C'est un endroit magnifique, prisé des touristes pour ses spots de kitesurf, qui se trouvent sur le côté de l'île le plus visité. Un jour, nous sommes allés nous balader de l'autre côté, celui où le vent va de la mer vers la côte. Et là, nous avons découvert des plages littéralement recouvertes de déchets. Il était impossible de mettre un pied sur le sable sans marcher sur des détritus tellement il y en avait...

À l'occasion de la Journée mondiale du ramassage de déchets en septembre 2020, nous avons organisé un rassemblement Respire autour du canal de la Villette pour nettoyer les bords de cette voie d'eau qui traverse Paris. Nous avons ressenti un sentiment de dégoût en constatant la quantité de déchets et surtout de mégots ramassés ! Mais ce qui m'a le plus touchée, c'est de voir que nous avons été très nombreux à répondre présents ! C'était un vrai bonheur d'assister à cet élan de solidarité et de constater que beaucoup de gens veulent nettoyer notre planète et faire bouger les choses, alors continuons de nous mobiliser !

Je suis sûre que vous qui me lisez, vous en avez certainement conscience, alors n'hésitez pas à faire passer le message autour de vous. Respectons notre planète et éduquons-nous (notamment sur les consignes de tri) !

NICOLAS LEMONNIER, PRÉSIDENT DE L'ASSOCIATION RUN ECO TEAM, LA CONTAGION VERTUEUSE

Je suis devenue marraine de Run Eco Team en 2017. Lorsque Nicolas a pris contact avec moi à travers les réseaux sociaux, son projet m'a tout de suite plu. C'est un projet qui a du sens, qui est fondé sur des valeurs fortes et qui rassemble des milliers de personnes.

« Même si je faisais beaucoup de sport dans mon enfance, j'ai peu à peu mis de côté cette pratique en commençant mes études d'ostéopathe, et les choses ne se sont pas améliorées quand je suis entré dans la vie active. Par ailleurs, je ne mangeais pas très sainement et je fumais. J'ai donc pris pas mal d'embonpoint.

À 35 ans, lorsque ma femme m'a dit que l'on allait avoir un petit garçon, j'ai eu un déclic et je me suis remis à faire du sport. Au fur et à mesure de mes sorties running, je me suis senti de plus en plus stimulé par les communautés sur les réseaux sociaux. Et puis le 5 décembre 2015, au lieu de poster une photo de moi tout transpirant, j'ai fait un selfie avec un paquet de cigarettes que j'avais ramassé pendant ma course.

C'est de là que m'est venue l'idée de créer un groupe fondé sur deux valeurs qui me semblent complémentaires : se faire du bien en pratiquant un sport et faire du bien à la planète en ramassant des déchets. Run Eco Team est née six mois plus tard, et depuis, on peut dire que le groupe a pris de l'ampleur !

Le message que je souhaite transmettre est fondamentalement positif. Je m'efforce de promouvoir le sport, le plaisir et les projets constructifs, mais de ne jamais faire la morale ou agresser les personnes qui jettent des déchets, car telle n'est pas ma façon de concevoir l'écologie. Je crois fermement au pouvoir de l'exemple, et je pense qu'il faut avancer sur son propre chemin sans se soucier de ce que font les autres, en comptant simplement sur la contagion vertueuse.

Lors de notre premier grand événement de groupe, les participants ont ramassé trois tonnes de déchets en une heure et demie. On les a entassés au milieu de la place Graslin, à Nantes. C'était très impressionnant... Les gens s'arrêtaient, nous interrogeaient, nous encourageaient, certains passants ont même participé au tri. J'ai ainsi pu constater l'ampleur du désastre, mais aussi le fait que les gens pouvaient se mobiliser.

Quand on commence à s'engager dans une démarche de protection de la planète, que l'on essaie de mettre en place un maximum de choses pour être écoresponsable, je crois qu'il ne faut pas le vivre comme une contrainte, mais comme une habitude. Parce que lorsque les gens te voient agir avec le sourire, ils ont envie de reproduire ton exemple et l'attitude se diffuse.

On est tous capable d'agir à notre échelle et je suis certain que si chacun de nous fait ce qu'il peut, on y arrivera, quelle que soit la manière. Justine a été marraine de Run Eco Team très tôt, et malgré son emploi du temps chargé, elle a toujours été là. Chacun peut apporter sa pierre à l'édifice, en ramassant des déchets, mais aussi en économisant l'eau, en achetant responsable, en consommant local...

La bonne nouvelle, c'est que ce type de démarche et d'engagement contribue au bonheur, parce qu'il donne du sens à la vie. J'en suis un bon exemple... Avant, j'avais le sentiment d'être heureux ponctuellement, maintenant je suis heureux tout le temps. Et c'est un plaisir. »

Les tips de l'expert Didier Maarek

Comment prendre soin de la planète ?

✦ Privilégiez les produits conditionnés dans des contenants recyclés ou en vrac ;

✦ Renseignez-vous sur les modes d'approvisionnement locaux proches de chez vous ;

✦ Privilégiez le bien-être animal au travers de labels respectueux des animaux et de la qualité de leur nourriture (type Bleu Blanc Cœur).

DIDIER MAAREK

Docteur en pharmacie

Didier Maarek s'est spécialisé depuis dix ans dans la nutrition et la micronutrition en validant de nombreux diplômes universitaires. Sa double formation lui permet de formuler des compléments alimentaires qui sont mis en vente dans les pharmacies.

« L'image que l'on a de notre corps est intimement liée à la perception que l'on a de nous-mêmes et à celle que les autres (partenaire, collègue, famille...) ont de nous.

Chacun se définit ainsi un modèle qui est variable selon les sujets et dont les critères sont subjectifs puisqu'ils dépendent de son environnement socioculturel et de ses références.

Malheureusement, dans la plupart des cas, il aboutit à une insatisfaction car l'image que l'on a de soi est rarement conforme à ce que l'on souhaite.

L'essentiel est pourtant ailleurs : il s'agit avant tout de se sentir bien dans son corps.

Pour se sentir bien dans son corps, tout commence par une alimentation équilibrée. Elle doit apporter des macronutriments (protides, lipides, glucides) et des micronutriments (vitamines, oligoéléments) en juste quantité.

Nous pouvons sentir que nous sommes dans le juste équilibre lorsque, le matin au réveil, notre corps est disponible pour commencer une journée avec l'envie de réaliser nos projets quotidiens jusqu'au soir, et lorsqu'en fin de journée, nous sommes prêts à dormir d'un sommeil réparateur. Si nous sollicitons notre corps pour un effort particulier, il doit répondre présent sans fatigue excessive.

Tout cela est possible grâce à notre alimentation, en respectant la naturalité et la mesure.

Le juste équilibre alimentaire, c'est tout simplement d'être en accord avec soi-même dans sa façon de se nourrir. Il doit allier plaisir et respect de soi. On trouve cet équilibre quand on mange en pleine conscience comme le ferait un animal. Mais l'être humain est un animal qui a perdu conscience de ses besoins primaires.

Pour retrouver cette faculté, c'est assez simple :

• écoutez vos sensations : "Ai-je faim ?", "De quelle quantité ai-je besoin ?" ;

• chassez les distractions parasites : éviter la télévision, l'ordinateur ;

• dégustez pleinement les aliments : regardez-les, soyez attentif à leur odeur, mangez lentement et mâchez longuement pour bien saisir les saveurs ;

• soyez attentif à votre faim : manger à 80 % de votre satiété afin de conserver une bonne digestion et de ne pas ressentir de somnolence. Les Japonais appellent cela Hara Hachi Bu – lorsque vous n'avez plus faim, votre estomac est déjà plein depuis longtemps... il faut donc manger lentement !

Il existe un lien entre le mental et notre alimentation, qui s'établit grâce à ce que l'on appelle nos "neuromédiateurs". Ils répondent aux doux noms de dopamine, noradrénaline et sérotonine. Ils sont apportés par notre nourriture et ils véhiculent des informations au cerveau ;

• les protéines, par exemple, génèrent de la dopamine et de la noradrénaline, qui sont responsables de la volonté, du plaisir et de la récompense. On en a besoin pour être en forme le matin, fournir un effort sportif ;

• les légumineuses sont riches en sérotonine, qui régule les comportements (anxiété, stress) et le sommeil. Elle favorise aussi la prise de décision, d'où l'expression « la nuit porte conseil »...

Le lien entre notre équilibre alimentaire, notre consommation et notre planète est également très important. Chacun peut contribuer à préserver notre planète en adoptant des principes simples :

• consommez bio et local pour limiter l'usage des insecticides, pesticides et autres perturbateurs endocriniens, tout en réduisant les émissions de gaz à effet de serre ;

- limitez sans les exclure la consommation de produits animaux, et privilégiez le bien-être des animaux ;

- évitez les aliments ultra transformés (hamburger, raviolis en boîte, sauces prêtes à l'emploi, etc.) pour (outre le fait qu'ils sont nocifs pour la santé) limiter l'empreinte carbone : un hamburger et une portion de frites consomment 5 g de CO_2, lorsqu'une salade consomme 1,4 g ;

- réduisez le sucre et les édulcorants de synthèse (aspartam, acésulfame...), qui sont les poisons de notre alimentation actuelle. Ils sont responsables de toutes les maladies de civilisation comme le diabète, l'obésité, l'hypertension. Ils sont présents partout car ils permettent à l'industrie agroalimentaire de corriger le goût des aliments transformés tout en provoquant la sécrétion d'insuline, responsable du déclenchement de notre faim. »

Trouver son harmonie, c'est trouver son équilibre alimentaire, être aligné avec sa consommation, respecter la planète et se faire du bien ! (notamment en faisant du sport)

Clé n° 10

SOURIS À LA VIE POUR QUE LA VIE TE SOURIE

Être optimiste,
ça change tout !

L'optimisme rend heureux, il nous aide à avancer, à saisir des occasions. C'est un état d'esprit durable ou passager qui consiste à cultiver une perception positive du monde et de l'univers qui nous entoure, à se concentrer sur les bonnes choses qui nous arrivent plutôt que sur ce qui va mal.

Être optimiste face à la vie, aux rencontres, aux aléas du quotidien… c'est avoir en tête en permanence qu'il n'existe pas de vrais problèmes, mais uniquement des solutions. Par ma personnalité, j'ai toujours été de nature très optimiste. Je ne pense pas à ce qu'il pourrait survenir de négatif et, de manière générale, je n'ai pas peur que les choses se passent mal (sauf s'il y a d'excellentes raisons pour cela…). Quand je me lance dans quelque chose, je ressens du stress bien sûr, mais c'est un bon stress, teinté d'optimisme, c'est-à-dire de la quasi-certitude que tout va bien se passer, et au pire j'apprendrai de mes erreurs.

Sans optimisme, on perd l'équilibre devant la moindre difficulté, et au lieu de se concentrer sur ses objectifs, on gâche son temps à critiquer, à blâmer les circonstances. Je suis intuitivement convaincue que l'optimisme aide à mieux vivre, à minimiser les souffrances et nous rend plus heureux.

L'optimisme, finalement, c'est croire en nous, en les autres, en notre bonne étoile à partir du moment où l'on met tout en œuvre pour réussir. Il s'agit de mettre toutes les chances de son côté en repoussant les mauvaises énergies qui pourraient nous tirer vers le bas.

Car bien sûr, être optimiste n'empêche pas d'être réaliste !

Une excellente façon de conjuguer réalisme et optimisme consiste à saisir les possibilités que la vie nous offre… Car nos existences sont jalonnées de rencontres, d'occasions à transformer, d'heureux hasards. Je crois profondément au fait que de nombreuses chances se présentent et que c'est à nous de les concrétiser.

Certaines situations sont provoquées par nos décisions et nos actions, comme lorsque l'on s'inscrit dans une école ou à une course, que l'on postule à un job. Et puis il y a les chances qui, en quelque sorte, nous tombent du ciel. On ne sait pas trop pourquoi, mais des occasions se présentent parfois d'elles-mêmes, et peuvent changer notre vie à jamais. À condition de les identifier et d'agir...

Je crois que ces moments un peu magiques sont souvent liés aux rencontres. Quand j'ai rencontré Thomas, c'était un hasard, mais si par la suite nous n'avions pas creusé la relation, saisi la possibilité que l'on avait d'échanger ensemble, nous n'aurions certainement jamais eu l'idée ni l'envie de nous lancer ensemble dans Respire.

Une autre rencontre fortuite a été impactante dans ma vie... En raison de ma présence sur les réseaux sociaux, je suis souvent invitée à des événements de marque, où j'ai l'occasion de rencontrer des personnes inspirantes et super intéressantes. Quand je me rends à ces événements, je suis parfois seule, ou accompagnée d'une personne de confiance, mais quand on est seul, on s'autorise à rencontrer plus de personnes. En 2017, lors d'un événement auquel j'étais invitée et pour lequel j'avais convié mon père, j'ai fait la connaissance de Sébastien Foucras, ancien champion de ski acrobatique et fondateur des Étoiles du Sport, le réseau d'athlètes qui a mis en place un système de parrainage entre athlètes expérimentés et jeunes athlètes espoirs du sport français. Grâce à cet événement, j'ai pu travailler par la suite avec Sébastien et cette organisation, qui m'a permis de rencontrer des athlètes exceptionnels. Toutes ces rencontres avec les athlètes ont changé ma vie. Ils m'inspirent par leur détermination, leur engagement dans leur projet de carrière sportive, leur organisation, leur acceptation de l'échec, leur capacité à rebondir, à accepter les coups, leur envie de

> SAISIR LES
> **OCCASIONS**
> QUE LA VIE
> NOUS OFFRE

ne rien lâcher, tout simplement. C'est d'ailleurs aussi grâce à cette rencontre avec Sébastien que de nombreux athlètes témoignent dans ce livre. Finalement, c'était une vraie chance et une belle occasion de se rencontrer lors de cet événement.

Au-delà de cette attitude profondément positive, je crois à l'extraordinaire pouvoir de ce qui peut sembler n'être qu'un tout petit détail : le sourire. J'adore sourire et j'adore que l'on me sourie ! Ça me fait chaud au cœur. Un sourire, un vrai (pas le faux sourire, celui que l'on se force à faire) est communicatif. Il permet de créer des connexions, de transmettre de la joie et de donner envie de voir le bon côté de la vie. Donner un sourire ne coûte rien, et pourtant cela apporte tellement !On me dit fréquemment que je suis une personne très souriante, et je le sais, je souris très souvent. D'ailleurs, j'ai été très embêtée avec le masque : j'avais l'impression de sourire dans le vide... Je suis sûre que certains d'entre vous ont vécu la même chose.

De façon plus générale, être de bonne humeur et la véhiculer me semble essentiel. Quand je me réveille le matin, il m'arrive d'être fatiguée et de ne pas avoir envie de m'y mettre, mais je me lève quand même avec le *smile*, en me disant que je suis contente de faire ce que je fais, que je suis contente d'aller travailler et retrouver mon équipe. Je sais que commencer la journée à côté de quelqu'un qui est de bonne humeur, qui sourit dès le réveil, ça donne la patate. Quand on arrive au bureau et que l'équipe sourit, est enthousiaste, l'environnement de travail est tout de suite agréable. La bonne humeur, c'est contagieux ! C'est pour cette raison que je m'entoure beaucoup plus volontiers de personnes souriantes, énergiques, positives, qui me donnent envie d'avancer. C'est tellement plus agréable au quotidien !

Finalement, être optimiste, c'est voir le bon côté de chaque événement, de chaque journée, se réjouir de ce qui nous arrive de bien. Et quand il nous arrive quelque chose de difficile ou de désagréable, c'est relativiser, aller de l'avant, trouver des solutions. Grâce à notre sourire, notre visage est capable de transmettre ces émotions bienfaisantes aux autres, et les autres peuvent nous rendre, de la même façon, beaucoup plus heureux. Notre sourire est magique !

JOHANNE DEFAY, SURFEUSE PROFESSIONNELLE, LE CHOIX DE L'OPTIMISME

Johanne est ma première coach de surf, elle m'a fait prendre mes premières vagues. Elle m'a transmis l'envie de recommencer encore et encore, mais c'est aussi une des filles les plus optimistes que je connaisse, toujours en train de sourire, de rire, de positiver et d'aimer la vie.

« J'ai grandi à La Réunion, les pieds dans l'eau et les fesses dans le sable, avec des parents actifs et amoureux du mode de vie en extérieur ! J'ai commencé le surf à 7 ans, les compétitions à 10 ans... et je n'ai jamais arrêté. J'adorais l'eau, j'adorais être dans l'eau avec des amis et cette sensation de glisse et de jeu dans les vagues.

Le surf est un sport particulier car il dépend d'une ligue privée américaine : la World Surf League. Pour être professionnel, il faut donc avoir l'argent nécessaire pour se rendre aux compétitions qui se déroulent aux quatre coins de la planète. J'ai eu mon premier sponsor Roxy à 12 ans ; à 13 ans, j'ai commencé les compétitions pro, et à 15 ans, j'étais la plus jeune championne d'Europe de l'histoire. À 21 ans, j'ai commencé ma première année sur le World Championship Tour, qui se compose des dix-sept meilleures surfeuses du monde. J'en suis à ma septième année sur le WCT, j'ai gagné trois coupes du monde et j'ai été deux fois cinquième mondiale. Je vis donc de mon sport, ce qui était un rêve ! Il y a eu beaucoup de hauts et de bas dans ma carrière, des moments de doutes, de pleurs... mais même si je pouvais, je ne changerais ma vie pour rien au monde.

J'ai l'optimisme chevillé au corps, et je crois que je le tiens de ma mère, qui est pour moi un exemple formidable ! À l'inverse, mon père est plus pessimiste... Il ne le fait pas exprès, ce sont des choses qui sont transmises avec l'éducation et cela dépend aussi des caractères. Mais ces deux perspectives portées par mes parents m'ont permis de comprendre que la façon dont on perçoit les choses peut tout changer ! Je dirais que l'optimisme, un peu comme le surf, est un mode de vie. Cela se travaille, mais je suis aussi persuadée que c'est un choix, un choix que l'on peut faire tous les matins. Je dirais même plus, c'est un choix courageux, car la vie n'est pas toujours facile.

Je pense que pour être optimiste, il faut passer par trois étapes : prendre conscience de soi, de son comportement et de ses réactions face à des situations ; comprendre que voir le côté positif, même si ce n'est pas vraiment le plus évident, peut être un choix ; en fonction de cela, travailler son optimisme et constater les évolutions, les changements, les résultats.

Les choses les plus simples me rendent heureuse : boire mon café le matin, être avec mes proches, partir courir avec mon chéri, boire un café avec ma sœur et ma mère, faire un tennis avec mon père, cuisiner de bons produits frais, boire un coup avec mes copains, regarder un coucher de soleil, travailler pour atteindre mes objectifs, prendre soin de moi et de mon corps... Bref, la vie, quoi ! »

Les tips de l'experte Catherine Testa

Comment booster son optimisme ?

✦ **Notez la liste de tous les défis que vous avez réussi à mener à bien :** obtenir une formation, surpasser une peur, réaliser un rêve... L'optimisme se construit en se rendant compte que l'on a déjà été capable de mille challenges !

✦ **Entourez-vous d'optimistes !** Bien sûr, l'idée n'est pas de virer *illico presto* tous les pessimistes de votre vie, mais de connaître des personnes ressources sur qui vous reposer en cas de coup de mou, qui vous donneront un petit boost de confiance en cas de doute.

✦ **Osez le lâcher-prise !** Tous ceux qui entreprennent et changent quelque chose dans leur vie savent qu'ils peuvent échouer. Plutôt que de tenter de tout maîtriser, soyez à l'aise avec le fait que le parcours aura mille inconnues. Économisez l'énergie que vous dépensez dans le stress de l'inconnu et mettez-la au service de l'action.

✦ **Valorisez l'expérience.** Si l'échec vous terrorise, une petite astuce consiste à transformer les phrases en les commençant par « je regarde si j'en suis capable ». Par exemple, au lieu de dire « je monte une entreprise », dites « je regarde si je suis capable de créer une entreprise », au lieu de « je veux devenir chanteur », « je regarde si je suis capable de devenir chanteur ». Ainsi, la réussite se situe dans l'expérience et vous pouvez revenir en arrière en disant « ce n'était pas pour moi, finalement, je n'aime pas ces responsabilités, etc. ». Cette petite astuce peut aussi être très utile vis-à-vis de l'entourage !

Savoir se féliciter

Savoir se féliciter, c'est super important ! C'est reconnaître que l'on a fait des choses bien, que l'on est utile, que l'on a atteint ses objectifs. Cela booste notre confiance en nous et nous permet d'aller encore plus loin. Pourtant... nous sommes souvent tellement enclins à nous focaliser sur nos erreurs que nous oublions de nous féliciter pour nos réussites !

Je crois qu'il est important d'accepter de se valoriser, de se mettre en avant, de se dire bravo pour ce que l'on a accompli. Quand j'étais plus jeune et que j'avais de bons résultats, quand je réussissais un examen de piano, un contrôle à l'école, une compétition de GRS, mes parents étaient les premiers à me féliciter, à me valoriser, à me dire qu'ils étaient fiers de moi. Ils m'ont inculqué une culture positive qui consiste à célébrer les succès. Avec du recul, je constate aujourd'hui que ça m'a beaucoup aidée, et ça m'a donné confiance en moi.

Depuis le lancement de Respire, il se passe des choses tous les jours : il peut s'agir d'événements positifs, dont on peut être fiers et se féliciter, mais aussi, souvent, des aléas du quotidien, des problèmes à gérer... J'ai parfois le sentiment que l'on vit « la tête dans le guidon », concentré sur notre quotidien, au point que l'on en oublie de célébrer nos réussites, de regarder le chemin parcouru et de nous féliciter pour tout ce que l'on a déjà accompli.

Il faut dire que c'est très difficile de se féliciter pour ce que l'on a déjà fait quand on n'en est qu'au début, que l'on a beaucoup d'ambitions et que tout semble encore à faire... Je m'efforce parfois de me dire « waouh, c'est fou tout ce qu'il s'est déjà passé, et c'est grâce à nous », mais je n'ai pas toujours le réflexe de le faire. Finalement, c'est plus facile quand ce sont mes proches qui décident de célébrer quelque chose que je leur annonce, comme cette année ma nomination dans le classement Forbes des « 30 under 30 », ou le prix Entrepreneure de l'année... On se retrouve pour un dîner et quelqu'un arrive avec une bouteille de champagne, ou simplement avec une bonne bouteille, ou même les mains vides, mais prend le temps de dire « Bravo, c'est génial ». Juste ça, ça fait un bien fou. C'est de la reconnaissance. On en a tous besoin, alors ne soyons pas « radins » sur les compliments et les éloges envers nous, mais aussi envers nos proches et les personnes avec qui l'on travaille. C'est valorisant et ça fait du bien !

Bien sûr, je ne vous parle pas de tomber dans l'autosatisfaction : il ne s'agit pas d'inventer ce qui n'existe pas, mais bien de reconnaître ce qui est. Notre corps, notre esprit et nos émotions nous remercieront de nous entendre nous féliciter. Je vous assure que ça marche. Alors soyez attentif à ces petites réussites, à ces petits succès de votre quotidien, et dès ce soir, par exemple au coucher, prenez le temps de vous remémorer les instants réussis et de vous en féliciter.

Chez Respire, j'ai pris conscience de ce besoin de reconnaissance et de célébration des succès. On a parfois eu des retours de l'équipe nous disant que l'on ne célébrait pas assez : c'est peut-être ainsi que j'ai compris l'importance de ne pas négliger ces moments ni la reconnaissance à témoigner à mes collaborateurs. Je ne sais pas si on le fait assez, mais on essaie dès qu'on le peut.

IL EST TEMPS **DE PRENDRE** CONSCIENCE **DE VOTRE VALEUR !**

Il me semble très important de féliciter les personnes avec qui l'on travaille pour ce qu'elles accomplissent au quotidien, mais aussi de célébrer ensemble les grands moments, comme le premier million de produits vendus, l'ouverture de nouveaux magasins, la sortie d'un nouveau produit, l'atteinte d'un objectif fixé, etc. Pour toutes ces raisons, je m'efforce de traquer certains chiffres significatifs afin de pouvoir les célébrer le moment venu.

Évidemment, 2020 a rendu la célébration des succès plus compliquée parce que nous n'étions plus tous ensemble dans les bureaux... Je sens que ça a créé une frustration chez certains, surtout ceux qui ont une personnalité encline au besoin de reconnaissance et de valorisation. Mais en vérité, au plus profond de nous, nous avons tous besoin de reconnaissance, de sentir que nous sommes utiles et que ce que nous faisons est valorisé.

Finalement, savoir se féliciter est lié au fait de savoir complimenter : il s'agit d'oser adresser un compliment à quelqu'un sur son physique, sa personnalité, sa tenue vestimentaire, son travail, ses compétences... Tout le monde n'a pas le compliment facile, et pourtant ces petits mots apportent beaucoup et aident les autres à se sentir bien, alors ne soyez pas non plus avare de compliments !

Depuis le premier confinement, nous avons pris une nouvelle habitude chez Respire, celle de nous féliciter via Slack, notre plateforme d'échange. On essaie au maximum d'apporter de la reconnaissance à chacun, d'avoir un petit mot sympa quand on atteint un accomplissement. C'est beaucoup plus difficile qu'en présentiel, parce que quand nous étions ensemble physiquement, tout le monde parlait des succès au bureau et ça créait une super énergie, une super dynamique au sein de cette équipe qui œuvre pour un même objectif : faire grandir Respire. Alors même de loin, nous nous efforçons de continuer à susciter des émotions positives chez chacun, qui rassurent et motivent. J'avais vraiment hâte que la vie reprenne son cours et que l'on se retrouve tous au bureau, rien que pour ces moments-là !

Je suis intimement persuadée qu'il ne faut pas négliger ce que l'on a accompli ni se dévaloriser constamment. Savoir se féliciter quand un objectif est atteint nous aide à prendre confiance en nous. Savoir se féliciter, c'est aussi être fier de soi, de ce que l'on est devenu, de ce que l'on entreprend dans la vie. C'est avoir confiance en soi, en ses idées, en ses compétences, et se donner les clés pour aller de l'avant !

CHLOÉ BLOOM, LEADER D'EMPOWERMENT, RENFORCER L'ESTIME DE SOI

Chloé est très inspirante et influente sur les réseaux sociaux. Elle ne diffuse que des messages de positivité qui aident à se sentir mieux. Elle inspire énormément de monde, et moi la première.

« J'ai commencé ma carrière comme directrice dans un grand laboratoire de cosmétique biologique. C'était un super poste, qui correspondait parfaitement à la recherche de la validation de papa maman dans laquelle j'étais alors. Mais j'ai fini par faire un burn-out et, en plein milieu de mon arrêt maladie, j'ai donné ma démission. Puis je me suis lancée dans l'entrepreneuriat et ça a cartonné. Un an après, j'ai lancé ma chaîne YouTube, un an plus tard mon podcast, et je me retrouve aujourd'hui à la tête de huit entreprises différentes. J'aide les gens à transformer leur monde intérieur pour transformer le monde extérieur, ce qui passe par des coachings, des accompagnements personnalisés, des retraites transformatives, une académie d'épanouissement personnel en ligne, des programmes de naturopathie, une ligne de vêtements de yoga pour l'épanouissement au féminin, un espace de coworking à Lyon.

La maison Bloom compte maintenant une trentaine de collaborateurs et même si ce n'est pas facile tous les jours, c'est une aventure extraordinaire que je n'aurais jamais cru pouvoir vivre. Je suis fière de ce que j'ai accompli.

Pour moi, profiter de la vie, c'est tout simplement réussir à être soi-même constamment, et vivre le moment présent. Pour y parvenir, il faut commencer par apprendre à se connaître, identifier ses forces et ses belles puissances (au lieu de rester focalisé sur ses défauts), et puis savoir relever la tête pour regarder le monde en face et être vraiment présent, acteur de son existence. Il faut se dire : "Moi, je sais qui je suis, ce que je veux et la vie que je veux avoir. Je ne veux pas être une victime de ma vie. Tout ce que je veux, je peux l'avoir, je peux le faire, je peux l'être : je suis 100 % créatrice de ma vie à chaque moment. Je me crée la vie de mes rêves."

Ma philosophie, c'est qu'il y a de la beauté partout où l'on décide de la voir. J'ai appris à me féliciter pour chaque chose, à tout célébrer, parce que c'est important de reconnaître le chemin parcouru et de s'honorer soi-même pour honorer la vie qui coule en nous.

Tous les mois, je vais boire une coupe de champagne et dîner au resto en amoureux avec mon chéri pour célébrer toutes nos victoires. Chaque fois que j'ai une bonne nouvelle, je fais une danse de la joie, puis j'écris à mes amis et l'on va manger ou danser ensemble. J'écris aussi très régulièrement mes gratitudes pour toutes les choses que j'ai réussies ou accomplies, parce que je n'ai pas envie de prendre les choses pour acquises. Je suis contente et fière de moi d'avoir l'audace de vivre une vie dans laquelle je suis 100 % alignée.

La gratitude envers soi-même, c'est avoir envie de se dire merci, de s'honorer soi-même. On n'a qu'une vie et notre mission est de la vivre au mieux et de l'honorer en faisant ce que l'on a envie de faire et en étant ce que l'on a envie d'être. Il faut beaucoup d'audace et de courage pour y parvenir, car s'honorer, c'est aussi poser des limites, savoir se respecter, s'aimer, explorer ses parts d'ombre.

Savoir se féliciter rend plus heureux car cela nous fait entrer dans un très beau cercle vertueux, en renforçant la confiance et l'estime de soi... qui permettent elles-mêmes de mieux se féliciter. La confiance en soi se bâtit en se félicitant pour ses petites victoires, et elle est la clé de la réussite.

Transformer son monde intérieur permet de transformer sa vie. Mais pour se transformer et transformer le monde, il faut commencer par se regarder tel que l'on est, et regarder le monde tel qu'il est. »

Les tips de l'experte Catherine Testa

Comment se féliciter ou accepter les compliments ?

✦ **Acceptez l'imperfection !** Parce que – c'est un scoop – nous sommes TOUS imparfaits. Soyez donc parfaitement à l'aise avec le fait d'être nul en compta, en prise de parole en public, etc.

✦ **Acceptez vos talents !** On adore se trouver des défauts, mais valoriser ses talents est parfois difficile car on se dit qu'ils doivent être « à la portée de tout le monde » puisqu'on les possède. Savoir écouter quelqu'un, conseiller quelqu'un, être empathique, savoir trouver les bons mots : tout cela fait partie des talents que l'on ne pense pas à valoriser !

✦ **Sortez du syndrome de l'imposteur.** On peut facilement se dire que si l'on a réussi quelques trucs dans la vie, c'est parce que l'on a eu de la chance, parce que l'on a rencontré les bonnes personnes au bon moment ou parce que tout le monde aurait pu le faire. En réalité, si vous avez réussi, c'est avant tout grâce à vous.

Profiter de la vie

Au quotidien, on ne mesure pas la chance qu'on a d'être en vie, en bonne santé et de pouvoir accomplir des choses incroyables. Notre corps nous offre tellement de possibilités et de raisons de nous épanouir ! Il faut savoir en tirer le meilleur.

« Profitez de la vie ! » Voilà un message très important que je souhaite faire passer dans les dernières pages de ce livre. Je suis une grande amoureuse de la vie. C'est pourquoi j'essaie de saisir toutes les occasions de m'épanouir. On n'a qu'une vie, alors profitons-en ! Parfois, je me dis que j'agis comme si cette année était la dernière : on ne sait pas de quoi demain sera fait, alors j'essaie de ne pas repousser mes rêves, mes projets, mes envies. Ça me pousse à être active et à ne pas laisser le temps filer.

J'ai pris conscience il y a quelques années de l'importance de profiter un maximum, et de vivre ma vie à fond. Je me suis posée la question de ce qui me rendait heureuse au quotidien et j'en suis arrivée à trois grands points :

1. Faire un métier que j'aime. Évidemment ce n'est pas facile tous les jours, j'ai choisi un métier stressant et prenant, mais c'est le métier qui me réveille le matin et qui me fait me réjouir d'aller au bureau. Chacun ses envies, chacun son rythme, mais je suis convaincue qu'il est important de trouver du plaisir dans l'activité à laquelle on octroie minimum 8 heures de chacune de nos journées (si ce n'est plus).

2. Vivre une vie de passionnée. Ça passe par profiter pleinement de ce que j'aime, soit faire du sport, de la musique, voyager et tout ça en le partageant. Je suis convaincue qu'être passionnée par quelque chose fait de nous quelqu'un de plus heureux au quotidien. Mais parfois, trouver sa passion n'est pas si simple. D'ailleurs je n'aurais jamais cru devenir passionnée de course à pied avant de m'y mettre. Donc il faut se lancer, tenter des choses. Au pire, il sera toujours temps d'arrêter et de tenter une autre activité. C'est le seul moyen pour identifier ce que l'on aime et les domaines dans lesquels on s'épanouit. J'ai interrogé quelques personnes de ma team Respire pour identifier leurs passions et ce qui les rend heureux dans le fait de les pratiquer (et peut être vous donner quelques nouvelles idées) :

VIVRE SA VIE À FOND ET NE PAS LAISSER LE TEMPS FILER

Émelyne : « Le rock acrobatique parce que tout me fait vibrer dans sa pratique : les mouvements, les acrobaties, les musiques, les costumes... »

Pauline et Sixtine : « La danse car c'est un langage universel qui unit des personnes de tous horizons et cultures, ça nous libère de nos a priori, et nous permet d'être soi. »

Laure : « L'équitation pour le contact avec l'animal, l'endurance, la musculation, le travail de la posture (tant physique que mental), l'esprit d'équipe et l'adrénaline. »

Philippine : « La pâtisserie pour l'alliance entre la chimie et la gourmandise, le fait de travailler une texture et y insérer des arômes et des parfums subtiles qui m'inspirent. »

Alicia : « La pole dance, pour l'incroyable sentiment de faire des choses dont je ne me sentais pas capable avant. »

Jennifer : « Le voyage pour parcourir le monde et découvrir de nouvelles cultures et traditions. »

Bertille et Jean : « Le sport pour m'évader, partager des émotions uniques et prouver que je ne recule devant aucune de mes peurs. »

Tuline : « Le parapente acrobatique car le sentiment de prendre de la hauteur m'apaise et le sentiment d'adrénaline me stimule. »

Thomas : « Le théâtre pour l'adrénaline du direct, la possibilité de rentrer dans la peau d'un personnage et la mise à nue de soi-même. »

3. Être entourée des gens que j'aime. Ce qui me rend particulièrement heureuse c'est de passer des moments de qualité avec les personnes qui comptent pour moi, les personnes qui me font rire, qui m'apaisent, qui me rassurent, celles avec qui je peux faire la fête sans me prendre la tête... Je suis clairement une personne extravertie, ce qui signifie que je puise mon énergie au contact des autres, alors j'ai besoin d'être entourée. J'aime aussi beaucoup rencontrer de nouvelles personnes et être bien entourée de manière générale, mais j'accorde une partie importante de mon temps aux personnes qui comptent beaucoup, ce sont mes piliers.

Faire la fête, c'est aussi ça la vie !

Ces trois points me donnent pleinement le sentiment de profiter de la vie ! C'est ça, la vie, selon moi : être à fond dans ce qu'on fait, donner le maximum de soi-même, savoir s'amuser, déconnecter, profiter des moments pour soi et arrêter de se prendre la tête.

Notre corps nous offre tant de choses à vivre et à explorer, tant d'émotions à ressentir qui resteront ancrées en nous pour toujours ! Il nous permet de faire des milliers de choses pour nous épanouir. Il faut savoir apprécier cette chance, la savourer, profiter des relations, des activités, de la nature, de notre travail, de nos passions, de nos échanges. Bref, PROFITER DE LA VIE !

LAURY THILLEMAN, JOURNALISTE ET ANIMATRICE, TROUVER SON ÉQUILIBRE

J'ai rencontré Laury il y a quelques années et l'on a partagé de nombreux raids ensemble. Que ce soit sur les réseaux ou dans la vraie vie, Laury est une boule d'énergie positive et communicative. C'est une femme super dynamique qui se lance toujours dans de nombreux projets pour profiter de la vie au maximum.

« J'habite à Paris depuis dix ans, mais je reste bretonne dans ma tête et mon corps. Si ma vie professionnelle est concentrée dans la capitale, mon cœur reste en Bretagne. Je suis amoureuse de la mer, de la marée, du surf : c'est ce qui me permet de garder l'équilibre.

J'ai complété mon cursus en école de commerce par une formation de journaliste, et je jongle aujourd'hui entre les métiers de journaliste, d'animatrice et de chef d'entreprise, puisque je développe aussi des méthodes de bien-être et une marque écoresponsable.

Toutes ces activités se répondent de façon harmonieuse et rayonnent de concert, mais je dois, pour les mener de front, faire mille choses en vingt-quatre heures. J'ai le sentiment de vivre à cent à l'heure et de me réinventer en permanence. J'aime bien le terme de *working girl* pour dépeindre ce côté dynamique, électron libre, survolté de l'entrepreneuriat.

J'ai longtemps croqué la vie à pleines dents, quitte à parfois me faire mal. Mais je sais maintenant que cette grande dépense d'énergie doit être compensée par des moments de recul, d'économie, de retour sur soi et sur son propre bien-être intérieur. C'est pour cela que j'essaie toujours de préserver ces temps précieux qui me permettent de lire, méditer, me retrouver. Profiter de la vie ne s'apparente pas à une performance mais à un équilibre.

Deux choses me rendent particulièrement heureuse... J'adore être dans le feu de l'action, à dix mille volts sur mon vélo, avec dix rendez-vous dans la journée aux quatre coins de Paris, sans perdre une seconde. Ça me fait kiffer et ça m'épuise, mais j'aime cet épuisement. D'un autre côté, j'adore quand je prends mon petit van pour aller en Bretagne ou dans le Sud pour surfer. Dans ces moments-là, je me dis : "Mais pourquoi est-ce que je me fais autant souffrir à Paris ? Je suis en train de perdre des années de vie en me débattant dans le stress et l'asphyxie professionnelle !" Je m'aperçois que l'eau m'apaise, qu'elle me rend profondément heureuse.

Finalement, je crois que l'équilibre entre ces deux vies très contrastées me convient parfaitement... mais ce ne sera pas forcément toujours le cas, notamment sans doute quand j'aurai des enfants.

Au jour le jour, j'ai de petites astuces pour me recharger en énergie... Je me lève tôt, avec le soleil et le monde entier, car ça me donne la pêche. Quand j'ai un coup de mou, je bois une tisane avec du gingembre, du curcuma, des restes de fruits, et je pratique la visualisation positive en détaillant tous les bienfaits que cela procure à mon corps. J'aime aussi prendre mon vélo ou marcher jusqu'à mon travail, respirer en conscience, et bien sûr faire du sport. Je crois qu'il faut intégrer le sport dans son emploi du temps quoi qu'il arrive, même si c'est sur des temps courts, parce que cette pratique aide dans la vie professionnelle, personnelle, familiale...

Et si vraiment je me suis levée du mauvais pied, je reste trente secondes devant le miroir pour me forcer à sourire tout en me détaillant les dernières choses qui m'ont rendue heureuse ou tout ce qui va me rendre heureuse dans la journée qui commence.

Je suis persuadée que le bien-être et l'énergie positive se cultivent, comme on arrose les plantes le matin. Il ne faut pas trop stresser en se disant "zut, je n'ai pas assez fait de sport ; zut, j'ai trop mangé ; zut, je ne me suis pas mis de l'eau froide sur les fesses ; zut, j'ai bu un café... ". Globalement, il ne faut pas trop se prendre la tête sur les conseils de bien-être, car si l'on est trop bon élève, on s'y perd, on frôle la folie. Il faut juste faire preuve de bon sens, utiliser de petites astuces, les développer à son rythme et peu à peu progresser, pour se sentir mieux dans son corps et dans sa tête. »

Les tips de l'experte Catherine Testa

Comment profiter de la vie ?

✦ **Vivez la vie comme une grande expérience !** Je conseille souvent de considérer la vie comme un jeu vidéo à la Mario Bros. On traverse divers mondes qui ont des décors et des protagonistes différents. Dans chacun d'eux, on ramasse des pièces (expériences). Profiter de la vie, c'est observer le monde dans lequel on est en train d'évoluer au moment présent et valoriser l'expérience ! Certains sont plus faciles, d'autres plus compliqués, mais on les termine toujours et l'on change de décor !

✦ **Osez être vous-même !** Nous passons parfois notre vie à vouloir répondre aux attentes des autres. On peut même aller jusqu'à nier sa personnalité pour correspondre à ce que nos parents, nos amis ou nos collègues voudraient que l'on soit. Or profiter de la vie, c'est être aligné avec ses aspirations profondes et avec la personne que l'on est à l'intérieur... On met parfois du temps à la trouver tant on s'est mis de masques, mais c'est à partir du moment où l'on sort des moules dans lesquels on s'est coulé que l'on profite vraiment de la vie.

Profitez de la vie et
sautez dans le vide !
Même si vous avez peur.
C'est normal d'avoir peur.

CATHERINE TESTA

Cofondatrice du site loptimisme.com,
autrice et conférencière

Après avoir travaillé une dizaine d'années dans le domaine du développement durable et du numérique, Catherine Testa a fondé le site loptimisme.com, premier site mettant en avant les initiatives positives en France.

« On a souvent tendance à confondre l'optimisme avec sa caricature : "Si tu es optimiste, c'est que tu es naïf ou que tu n'as pas compris les grands enjeux de la société." Dans notre pays, faire la gueule, être critique et pessimiste, c'est presque paraître plus intelligent. J'aimerais rappeler à tous que cela n'a rien à voir ! On peut se rendre compte de ce qui ne tourne pas rond dans la société et choisir l'optimisme. En réalité, l'optimisme est une condition *sine qua non* à l'action !

Que l'on soit entrepreneur et que l'on ait envie de lancer une marque comme l'a fait Justine, d'entreprendre un challenge sportif, de prendre soin de soi ou de se marier en connaissant le nombre de divorces. il faut croire que c'est possible pour se lancer, donc être optimiste !

Une brève prise de recul permet de comprendre les raisons de notre manque d'optimisme...

• Lorsque l'on écoute les informations, il y a une disproportion flagrante entre le nombre de mauvaises et de bonnes nouvelles, avec un net avantage pour les premières, qui comptent beaucoup de faits divers anecdotiques. Or consommer de telles actualités nous influence et nous donne une vision peu noble de l'humanité... Alors qu'en réalité, des milliers de personnes incroyables agissent pour le bien commun. On ne les voit simplement pas.

• On ne nous enseigne pas l'optimisme à l'école... On ne nous apprend pas combien chacun de nous est puissant et capable de se lancer ! On grandit souvent avec la peur d'échouer parce que l'on a été traumatisé par les mauvaises notes que l'on a pu avoir en français ou en maths !

Mais être bon ou nul en maths ne définit pas un individu ! Cette peur de l'échec peut nous empêcher d'aller au bout de nos rêves. L'optimisme consiste à se dire que l'on va se lancer, que l'on peut échouer… mais que l'on peut aussi réussir !

- On se compare aux autres… On se demande : "Si je fais différemment, qu'est-ce que l'autre va en penser ? Et puis la vie de l'autre a l'air tellement mieux, il est tellement beau et il a l'air tellement plus compétent que moi !" Autrefois, on ne voyait que le voisin qui avait une pièce de plus que nous ; aujourd'hui, avec les réseaux sociaux, on voit la vie de tout le monde. Mais il s'agit en réalité de la vie "embellie". La réalité, c'est que tout le monde essaie de faire au mieux. Il faut absolument arrêter de regarder la vie de ceux qui nous donnent des complexes et nous font penser que l'on réussit moins bien ou, pire, nous empêchent d'agir !

Il y a mille autres raisons que je pourrais énumérer. Ayant vécu à New York, à Barcelone et dans différents pays, j'ai un jour compris que ce qui nous manquait, à nous Français, était un brin d'optimisme. C'est pour cette raison que j'ai eu envie de fonder mon site internet et d'écrire à ce sujet. Il y a cinq ans, personne ne comprenait mon choix ! Il faut dire que je gravitais dans des univers pas franchement optimistes : je suis diplômée en développement durable et j'ai travaillé plusieurs années dans ce domaine. Et on le sait : en la matière, il n'y a pas franchement de quoi être optimiste tous les jours. Mais l'optimisme est une clé pour se lancer et changer les normes ! Aujourd'hui, ce sont plus d'un million de personnes qui nous suivent.

Ma volonté n'est surtout pas de répandre des injonctions à l'optimisme, car il y a des jours où l'on a de quoi être déprimé. Je suis en revanche persuadée qu'il faut se donner la possibilité de croire en ses rêves, de se dire que l'on peut saisir des occasions et influer sur le cours de nos vies !

Pour ma part, je suis convaincue que le monde peut changer grâce à des initiatives comme Respire et tant d'autres ! Il faut montrer à tous que l'on peut partir de zéro et réussir à changer les choses.

Souvent, on n'ose pas se lancer car on se dit que l'on n'a pas toutes les compétences requises ou que d'autres sont meilleurs que nous. Mais quand on creuse la question et que l'on est réellement sincère avec soi-même, on se rend souvent compte que l'on a quand même des compétences. Et il est important de se féliciter pour tout ce que l'on a pu réussir et pour tout ce que l'on est. Notre différence est notre force ! »

Profitez de la vie avant qu'il ne soit trop tard.
Rêvez, osez, faites des erreurs, apprenez, aimez
du plus que vous le pouvez, allez au-delà de vos
limites et dépassez-vous !

*On n'a qu'une vie, alors
vivons-la pleinement !*

Remerciements

Je vais être honnête avec vous, écrire ces pages n'a pas été un travail facile, mettre des mots sur ce que je ressens, me livrer autant et surtout, le faire en parallèle de la gestion de Respire. Heureusement, j'ai été bien soutenue et épaulée dans ce projet ! Place aux remerciements des personnes qui ont rendu ce projet possible.

À commencer par Olivia, mon éditrice, qui a cru en mois dès le premier jour, Cécile ma plume, qui connaît désormais une bonne partie de ma vie, toute l'équipe Marabout qui a fait un super travail (et a été très patiente en attendant mes textes), ainsi que Goulven, mon conseiller et son agence qui ont toujours su bien me guider.

Un très, très grand merci aux quarante-six intervenants qui ont accepté de témoigner dans mon livre et qui me sont si chers. Quel exercice passionnant de réaliser toutes ces interviews avec eux pour trouver leurs clés et être capable de les partager avec vous !

Un très grand merci également à Thomas, mon associé, qui m'a épaulée tout au long de ces mois de rédaction (et qui témoigne lui aussi dans ce livre, à la clé 7). Merci aussi à toute ma team Respire, qui m'a entendue parler de ce projet pendant des mois et des mois sans ne jamais lire un texte (j'attendais que tout soit finalisé pour le partager, c'est mon petit côté perfectionniste !) ; et m'a aidée dans le choix de couverture de ce livre. Merci à Marie-Anne qui a été la première à lire mes textes et me donner son précieux avis.

Merci également à ma famille, Julia, ma mère et mon père, pour le soutien pendant l'écriture de ce livre mais aussi pour la confiance qu'ils m'accordent depuis que je suis née et l'énergie qu'ils me donnent à réaliser mes rêves.

Merci, bien évidemment, à mes proches ! Si vous avez lu ces pages, vous comprenez l'importance qu'ils ont pour moi et l'équilibre qu'ils m'apportent.

Et un très grand merci à vous, lecteurs ou suiveurs sur les réseaux sociaux, qui m'avez toujours soutenue, qui m'accompagnez dans l'écriture de l'histoire de Respire et celle de ma vie.

Merci !

« Fais de ta vie un rêve et d'un rêve une réalité. »

Justine

Table des matières

Achevé d'imprimer par Grafo en Espagne
Pour le compte des Éditions Marabout (Hachette Livre)
58, rue Jean-Bleuzen, 92178 Vanves Cedex
Dépôt légal : janvier 2022
ISBN : 978-2-501-16192-3
5993020/01